円満な
相続のための
あれこれ話

税理士 山田忠美
YAMADA Tadami

文芸社

はじめに

　相続というのは、陸上のリレー競技と同じように、これまで走ってきた選手（被相続人）が、次の走者（相続人）へとバトンを渡すことです。

　上手なバトンパスを行うためには、いま走っている選手が、次の走者が走り出しやすいようなバトンの渡し方をするように、被相続人（親）は、相続人（子）のことを考え、きちんと相続手続きを把握しておくことが大事です。

　相続をスムーズに行うためには、円満に「遺産分割協議書」を作成することがカギとなります。ですから被相続人は、生前の元気なうちに、相続人へ向けて、相続財産や債務のことを十分に説明しておくことが大切です。

　相続にあたり、生前に相続対策をされていた場合には、80パーセントの節税効果があり、されていなかった場合には20パーセントの効果しかないといわれています。

　私は以前より、「相続対策は生前にすべし」と考えておりますので、本書を読み、それぞれのご家庭で、相続対策の方針を決めていただき、スムーズなバトンパス、円満な相続が行えるよう願っております。

　いま、全国の書店には、相続税に関する書物がたくさん並んでいます。

しかし、それらの本のほとんどが税法専門的な本ですから、一般の方々が気軽に読める本があればと思い、このような本を刊行いたしました。

　本書のテーマは、「円満な相続」です。

　いざ相続となったときに、残された家族がもめずにいられるように、本書を参考にしていただければ幸いです。

　本書は、2部構成となっております。

　第1部は「山田忠美の履歴書」として、私の生い立ち、人生の中で考えてきたことなどを書いております。

　相続の際に、円満な遺産分割協議になるかどうかは、被相続人（親）の生き方が大きく関係してきます。私の生き方が、読者の方の参考になるかはわかりませんが、国税の仕事をし、税理士として生きてきた私が関わってきた方々の経験談なども書いておりますので、楽しく読んでいただければと思います。

　第2部の「山田忠美の相続Q＆A」では、私が実際に相談を受けた事項について、一問一答式でわかりやすく説明しています。

　相続のことは難しいと思われているかもしれませんが、以下のポイントを押さえておけば、少しはわかりやすいかと思います。

【相続対策のポイント】
相続の基本あれこれ　　〜民法、相続税が中心になります。
相続税あれこれ　　　　〜少し頭に入れてください。
　　　　　　　　　　　　（税法の特例など）
相続対策あれこれ　　　〜我が家の場合は？
相続の手続きあれこれ　〜ひとつひとつが大切です。

　私は、国税の職場（税務署、国税局）で25年間、税理士として27年間、相続関係を主体に仕事をしてきました。処理件数は、約600件です。本の内容につきましては、すべて私の経験事案に基づいています。

　本書を読んでいただき、相続税の申告が必要だと思われた方は、早めに税理士に依頼していただき、申告をしてください。

　そして申告の必要ない方は、司法書士に依頼してください。相続人が不仲で争いになるような場合は、早めに弁護士へ依頼してください。

　　　　　　　　　　　　2023年11月　税理士　山田忠美

目　次

第**2**部 ・ 税理士・山田忠美の相続Q&A

第**1**部

税理士・山田忠美の
履歴書

第1章　大人になるまで

私の原点

　私が生まれたのは、緑と水と空気がきれいな山口県下関市の菊川町。当時は下関市ではなく、豊浦郡菊川村といいました。

　村民の大半が農業に従事し、村民たちは、おいしいお米と野菜を作っていました。

　父の山田太郎は、農家の長男だったので、戦争のため10年ほど満州に行っていた時期を除くと、ずっと農業従事者でした。母の貞子も農家の生まれです。

　昭和27年、山田家の長男として生まれた私は、赤ん坊のころ、田んぼの畔に置かれた籠の中で、大人たちが田植えをする傍らで、すやすやと眠っていたそうです。

　私には姉が2人いますが、姉たちと同じように、私も自宅で生まれました。

　当時は産婦人科など近くにありませんでしたから、赤ん坊は産婆さんが取り上げるというのが村の日常でした。

　そのころの産婆さんは、「うん、山田さんとこは来週の火曜か水曜辺りやね」「あっちの○○さんはその週末辺りやね」といった具合に、豊富な経験値を元に、出産日の予定を立ててい

たようです。

　農家の長男として生まれた私は、物心のつく前から田んぼに入るのが当たり前でしたので、なんの疑問もなく、将来は自分も農業をするのだと思っていました。

　あのころの日本の農家では、小学校も中学校も、田植えの時期は学校が休みとなりましたから、家族総出で田植え作業。老若男女それぞれに、役割が振り当てられていました。

　男の子たちは大人に混じり、祖母たちが苗を小分けにして田んぼにポンポンと投げ入れる苗を、2、3本ずつに分けては、定規に沿って植えていきます。

　昭和40年代に田植え機が導入されるまで、ほとんどの農家では田植え定規が使われていました。田植え定規とは、木の枠に等間隔に縄を張って、田んぼに印をつけていく農耕器具の1つです。小さな子どもたち用に、おじいさんたちが小さな定規を作ってくれることもありました。

　女の子たちは、地区ごとに女性たちが集会所に集まって作る食事を、大きな鍋を持って取りにいくのが仕事でした。えっちらおっちら重い鍋を数人で運び、お昼はみんなで楽しくいただいていました。

　いま思うと、田植えは楽しいイベントのようでもありました。そのころの村には、農業に従事していない家は2軒ほどしかなく、商いをやっている家の子どもたちが、私たち農家の子どもらが忙しく働いているのを、遠くからうらやましそうに眺めていたのを覚えています。

しかし普段は、みんな一緒に元気に遊んでいました。

　私が小学生のころは、まだどの家にもテレビがなかったので、とにかく外で遊び回っていました。もちろん遊び道具なんてものもありませんから、山へ入って竹や木を取ってきて、なんでもかんでも手作りです。竹馬に竹トンボ、みんな器用に作っていました（しかし私は、工作が苦手でした）。

　そのころ、世間ではどうやらベースボールというのが流行っているらしいと、私たちは見たこともない野球をやるために、山へ入って木を切ってきてバットを作りました。野球のボールは、手頃な石に紙を巻いたもの。

　子どもたちはみんな、ユニフォーム代わりに着古した白いシャツを着て、シャツの胸と背中に炭焼き小屋から取ってきた炭で番号を書いていました。

　そして、年長の子どもたちが学校で習ってくる野球のルールを、自分たちに都合よく変えて遊ぶのです。誰も本当の野球など知りませんから、なにが正しいルールかなんて気にもせず、女の子も一緒になって遊んでいました（子どものころは、女の子の方が身体の発育が早いですから、私はよく女子たちに負けていたような気もします）。

　小学校6年生のとき、東京オリンピックが開催され、ついに我が家にテレビがやってくることになりました。

　村で3番目にテレビのある家となった我が家へは、近所の子どもたちが、拝観料代わりのナスやキュウリを手に持って、テレビを見せてくれとやってきて、当時人気のあったプロレス中

継を、みんなでわいわい観ながら盛り上がっていました。

　冷蔵庫もない時代だったので、田んぼの湧き水が冷蔵庫代わり。父にビールを冷やしておくよう言われ、ビールと一緒にスイカも冷やし、「ああ、このビールはよう冷えちょらー」と褒められると嬉しかったのを覚えています。

　当時の菊川町では、黄スイカが特産品でしたから、私たちが子どものころは、スイカといえば黄色いスイカ。夏の日に外で遊び回ったあとに食べた、湧き水で冷やされた甘い黄スイカの美味しかったこと。その味はいまでも忘れられません。

　私が子どものころは、そんな時代でした。

　私の記憶の中の風景は、いまでは映画のなかでしか目にすることのないようなのんびりとした田舎の情景ですが、町の景色はいまも昔も変わりません。砂利道が、アスファルトに変わったくらいの違いです。

冷夏の年に

　田植えが終わったあとの緑の美しさには、70年以上住んでいてもいまだにハッとするときがあります。秋になると稲穂が黄金色になり、道端に咲く朱色の彼岸花とのコラボレーションは、まるで絵画のように美しく、私の心を豊かにしてくれるのです。

　しかし、農家はときどき、お天道様から試練を受けます。

私が中学生のころのある夏、記録的な冷夏となりました。

　私の父はとても真面目に働く人間だったので、いつものように一生懸命に肥料を撒き、こつこつと農作業に励んでおりました。しかし、ある農家のおじさんは、手を抜いてなんにもしていません。

　そして冷夏が過ぎて秋になり、収穫の時期になると、なんと、なんにもしなかったおじさんの田畑の方が、収穫高が良かったのです。

　真面目に頑張っていた父の田畑は、とても残念な収穫高でした。なんにもしなかった田畑の方が、虫もわかずに被害が少なかったのです。

　そのとき私は気づきました。農業というのは、人の3倍やったからといって、3倍収穫できるものではない。農業というのは、人間の頑張りではなく天候に左右されるのだと知ったのです。

　すべては天候次第、ときに収穫高は逆になる。

　冷夏の年、私はひどく衝撃を受けました。

　将来、農家を継ぐものだと当たり前に思っていましたが、そのとき私は、農家を本職にはしないと決めました。

　父や母も、農閑期には建設現場で働いていたので、両親とも、特に母は、息子には農業をやりながらもちゃんとした仕事を持ってほしいと思っていたようです。

　母は、国鉄（いまのJR）の仕事がいいのではないかと言っていました。なぜなら当時の国鉄の仕事は、一日おきに休みが

18

あったのです。夜遅くまで電車を運転すると、次の日は休みになるシフトだったので、農業を兼業するにはとても良いと考えていたようです。

　国鉄がだめなら、農協か役場がいいのではないかとも言われた記憶がありますが、まあ、町にはそれくらいしか就職先がなかったということです。

一隅を照らす

　そろそろ進学のことを考えなければならなくなったころ、私は真剣に考えました。

　あの時代は、大学に行くというのは医者になるか弁護士になるか、科学者になるくらいの感じだったので（あくまで私の感覚ですが）、私はそんな職業には興味はなかったので、普通高校へ行くことは考えませんでした。

　まわりからは、農家の長男だから農業高校へ進学するのだろうと思われていましたが、冷夏の年に農業を本業にはしないと決めていたので、農業高校も私の選択肢にはありませんでした。

　手に職をつけたいと思っていた私は、工業高校と商業高校かで迷いましたが、なにしろ不器用でモノを作るのが苦手だったので、工業高校は消去です。

　そうすると残ったのは商業高校で、数字が苦手ではなかった

私は、商業高校に進学することに決めたのです。

　それを両親に伝えると、両親は特に何も言いませんでしたが、祖母は、農家の跡取りが商業高校に行くなんて家を潰す気か！　と怒っていました。

　しかし母が、農業だけでは将来的にダメだからと、味方してくれたのです。

　そうして入学した下関市立下関商業高等学校は、菊川町の家からは片道1時間25分かかる後田町というところにありました。

　家から2キロ先にあるバス停まで歩き、バスに乗って峠を越え、国鉄の小月駅まで行き、そこから電車に乗って幡生駅へ行き、そしてやっと着いた幡生駅から高校まで徒歩20分。かなり遠い通学路でした。

　バスに乗り遅れてしまうと、行きも帰りも走って峠を越えなければならず、私はずいぶんと元気な高校生でしたが、しかしそれでも部活をやるのはきつかった。

　勇んで陸上部や野球部に入っていましたが、部活をやると、家に帰り着くのが時々夜の10時ごろになるのです。さすがにくたびれ果ててしまい、長続きはしませんでした。

　毎日こんなに時間と体力を使っているのは、自分で自分を殺すようなものだと思い、部活をやめてしまったのですが、始まったばかりの自分の人生だから自分を大切にすべきだと、私はそう思っていたのです。いま思い返すと、子どもながらちゃんと考えていたのだなあと感心します。なお、文化部としては

簿記同好会に所属していました。

　部活をやめてみても、通学はとても大変だったので、16歳になったら原付の免許を取り、父に買ってもらった単車で小月駅まで通っていました。それでも高校への道のりは遠かったですねえ。

　高校2年生のとき、修学旅行で京都方面へ行きました。

　比叡山の延暦寺へ参ったとき、私は1つの言葉に出会います。

『照于一隅此則國寶』（一隅を照らす、これ即ち国宝なり）

　延暦寺の境内の石碑に、この言葉が刻まれており、石碑の前で引率の先生が言いました。

「おまえらええか、一隅を照らすというのはな、隅っこを照らすっちゅうことやない。一隅というのは、居るところのことや。これは、おまえはおまえの居るところで輝け、自らが輝いて世界を照らせちゅうことや。ええか、おまえらは将来、是非ここにおってもらわないかんと言われる人間になるのか、おらんでもおってもどっちでもええと思われる人間になるのか、どっちやということや」

　先生の説明を聞いて、「なるほど」と、私は非常に感銘を受けました。

　当然私は、おってもらわないかんと言われる人間になりたいと思いました。

『一隅を照らす』

　天台宗の開祖、伝教大師最澄のこの教えは、高校2年生だっ

た私の心を掴み、それからずっと、私の信条になりました。

　大人になった私はある日、『一隅を照らす』という本を見つけます。

　それは、比叡山第253世天台座主の山田恵諦氏が書かれた本で、その本は、私のその後の人生で、何十回も読み返されることになるのです。

山田くん、君ならできる！

　高校3年生になり、いよいよ進路を決定する時期となりました。

　3年の授業で、税務会計という科目を取っていた私は、石光良明先生という税法入門を教えている先生から、法人税と所得税の授業を受けていました。

　当時は学校によって科目が選定できたようで、法人税と所得税などという授業は高校生には難しい授業だったのですが、石光先生は、税理士の資格を持っていたので、高校生にも教えようと思っていたのでしょう。

　私はある日、石光先生に尋ねました。

「先生、税法入門を勉強しとると、なんの職業になれるとですか？」

「そりゃ、山田くん、税理士だよ」

　税理士と聞いても、難しい職業だとしか認識できませんでし

たが、続けて先生はこう言ったのです。

「山田くん、君ならできる！ 税理士になれる！」

先生は、きっぱりとそう言いました。

その瞬間、私は決めました。

よし、私は税理士になろう！

もしあのとき先生が、「山田くんなあ、税理士試験は難しいから、大学行って勉強せんといかんで」と言っていたら、私は税理士になろうとは思わなかっただろうと思うのです。

学校の先生の言葉というのは、とても大事なのだなあといまでも思います。

私は小学校4年生のとき、大好きだった音楽の時間に、先生から「山田くんは音痴やね」と言われ、音楽の時間が大嫌いになったことがあります。教師というものは、純粋な子どもの心にやる気を植えつけることもできれば、その逆もあるのですね。

「なあ山田くん、ちょっとアルバイトせんか？」

石光先生は、そのあとそう言って私を誘ってくれました。先生は、私が高校を卒業する3月で教師を辞めて、税理士事務所を開設する予定だったのです。

私は、先生の事務所の開設準備室で、先生の仕事を手伝いました。当時はコンピュータがありませんから、帳面に手書きで記帳する仕事などをして、税理士の仕事を少しだけ垣間見ることができました。

将来は税理士になると決めた高校3年生の私は、自分の人生

の道順を思い描きました。

　高校を卒業したら、まずは10年間働いて、10年後に税理士事務所を開設しようと決めたのです。農業を兼業するつもりだったので、働くならば、税務署の職員になろうと決めました。

　目標が決まると、自ずと行く道は見えてくるものです。

　私は、国家公務員の税務職試験を受けることにしました。

　高校3年生の夏休み、私は今後二度とこんなに集中することはないんじゃないかというくらい集中して勉強しました。

　9月に国家公務員試験を受け、念のため、すべり止めとして10月に役場の試験を受けました。11月に、国家公務員試験に合格し、そのあと、役場の試験にも合格。私は税務署へ行くつもりだったので、役場の面接には行かなかったのですが、役場の総務課長が、ぜひ面接に来てくれ、夜でもいいから、と電話をしてきてくれました。しかし私の本命は国家公務員の税務職ですから、申し訳ないと思いながら断ったのです。

　私はすごく優秀だったわけではなく、成績も普通くらいだったのですが、とにかく目標へ向けてがむしゃらに勉強しましたから、公務員試験の成績はほぼ満点を取れたのです。ですから役場でも、私に来てほしいと思ってくれたようです。

「山田くん、君ならできる！」

　そう言ってくれた石光先生の言葉が、私に自信をくれたから、私は頑張ることができ、将来へのビジョンを持つことができたのです。将来のビジョンを持つというのは、もしかしたら

農業に従事する親を見ていたことで育まれた概念かもしれません。

　農業というのは、種を蒔いて、育て、収穫するというプロセスを踏みますから、別の言い方をすると、**収穫の時期から逆算して種を蒔く**わけです。そして、やることをやったらあとは天に任せる。良い天候であることを祈るだけです。

　私は高校3年生の夏休みに、脳みそに汗をかくほど頑張って勉強しました。その結果、本命の国家公務員試験に受かり、役場からもぜひ来てくれと言われることにもなったのです。

　ビジョンを持ち、逆算し、頑張るときには頑張るということがとても大切なのだと実感した私は、将来の夢を叶えるために、まずは国家公務員となったのです。

第2章　就職、税務署・国税局時代

税務大学校

　国家公務員税務職として採用された私は、高卒で初級公務員
ですから、まずは税務大学校で、民法や商法、刑法や行政学な
どを学ばねばなりません。

　高校を卒業した4月から、税務大学校広島研修所で1年2ヶ
月学ぶことになり、私は寮に入りました。

　朝6時半に起床ラッパが鳴るとパッと起きて顔を洗い、7時
45分には集合してラジオ体操、そして朝食。8時半から9時ま
では自習。そのあと9時から17時までみっちりと授業。このと
きも相当に勉強しました。

　本来ならば大学で4年間かかけて勉強する内容を、1年2ヶ月
で学ぶのです。教えてくれるのは一流大学の名誉教授です。そ
して有り難いことに、勉強をしながら給料ももらえるのです。
こんな素晴らしい機会を、1秒たりとも無駄にするまいと、私
は必死で勉強しました。そしてたくさんの知識を身につけたあ
と、税務大学校を卒業します。いよいよ現場へ出るのです。知
識の次は、経験を積まなければいけません。

　昭和47年5月18日付けで、下関税務署の管理徴収課へ配属

となりました。

　本当は徳山税務署への配属となる予定だったらしいのですが、私は農業をやるために下関への配属希望を出していて、そのため、本来ならば新人が配属されることは少ないという管理徴収課への配属となったようです。

　管理徴収課というのは、簡単にいうと、税金を徴収する課です。差し押さえなどの業務もありますから、新人がそんな業務につくのは珍しいことのようでした。

　税についての勉強はしたといっても、実際の現場ではわからないことばかりです。私は日々、新しいことを一生懸命学んでいました。

800円事件

　ある日、管理徴収課の先輩たちから、少し変わった滞納者のところへ1人で行くようにいわれました。先輩たちからすると、ダメ元での半分冷やかしだったようです。

　私は何もわからないまま、滞納者のところへ行きました。
「おまえ、どこの人間じゃ!」

　その方は、相当に気難しそうな男性で、私を上から下まで見た挙句、怒ったような口調で聞いてきました。

　私は生真面目に、「菊川町の出身です」と答えました。
「おう、そうか、ちょっと飲め!」

その人は、昼間なのに台所から一升瓶を持ってきて、私にお酒を勧めてきました。

　自慢じゃないですが、私は非常にお酒に強かったので、差し出されたお酒を躊躇せずに飲み干しました。本来ならば、「いえ、仕事中ですから」と断るべきで、飲んではいけなかったのだと思いますが、なにせお酒に強い私は、あとで水飲みゃいいかくらいに思っていたのです。

　勧められるまま、私がぐぐーっと飲みっぷりよく何杯もお酒を飲んでいると、その人は私のことを気に入ってくれたのか、顔から怒りが消えていき、みるみる上機嫌になっていきました。

「よっしゃ、おまえ、気に入った!」

「よし、800円払うぞ!」

　そう言って、どこからからか財布から持ってきて、滞納していた税金800円を、あっさりと払ってくれたのです。

　そのあと私は、税務署へ帰る前に水を飲んでお酒の匂いを消し（消えたかどうかはわかりませんが、私は一切顔に出ないのでバレなかったのかもしれません）、税務署へ戻り、上司に、500円札1枚と、100円札3枚を渡しました（そんな時代です）。

　すると、税務署中が大騒ぎになりました。

　40代の上司でさえ何度行っても払ってもらえなかった800円を、新人の若造が、一度でもらってきたわけですから、それからしばらくは800円事件の主として、私のことは噂になりました。

　私がそのことで学んだのは、**税金というのは、払えない人と、払いたくない人がいる**ということです。その人は、いまなら10000円くらいに相当する当時の800円の税金を、お金がなくて払えないのではなく、払いたくなかったということなのです。

　税金を払えない人と、払いたくない人がいるということを、私は800円事件で学んだのです。もし私が、税金を払えと頭ごなしに上から目線で接していたら、多分払ってもらえなかったでしょう。

絶好のチャンス

　そして、下関税務署で働いて1年もしない翌年の2月、私はある「募集」を目にします。

　それは、『東京国税局、人員募集（期限付き）』という張り紙でした。

　当時は高度経済成長真っ只中でしたから、日本の首都東京は未曾有の好景気で、法人が雨後の竹の子のように出来ていた時代です。ですから国税局の職員が足りなくて、全国の税務署から2年の期限付きで、ヘルプ要因を募集するということでした。

　私は東京に行ったことはありません。

　東京！　20歳の私は、東京への憧れが募りました。

　どのみち税務署には10年しかいるつもりはありませんから、いろんな経験を積みたかった私は、早速応募することにしまし

た。2年という期限が、私の背中を押したのです。東京へ移住するなんてことは、農業のことがありますから、私の選択肢にはありませんでした。2年という期限が、私にとっては魅力的だったのです。

そして私は無事採用され、4月から2年間、東京へ行くことになりました。

そのころはまだ父が元気だったので、実家の農業のことは父に任せ、喜々として上京しました。よくわからないまま、東京といえば渋谷か新宿だろうということで、第一希望を渋谷税務署にしていました。

あとで聞いたところによると、東京の税務署の中で人気だったのは、山手線内にある税務署で、東京の税務署の職員でさえ、誰もがまずは山手線内にある税務署への配属を希望するそうですが、それはなかなか叶わないということでした。

しかし、私は期限付きの採用だから優先してもらえたようで、運良く渋谷税務署への辞令が下りました。

独身寮は、品川区の大井というところにあり、通勤の駅は山手線の大崎駅。

大自然の中で育った田舎者の私は、毎日山手線へ乗って通勤するだけで、相当に楽しかったのを覚えています。

視野の広がり

　渋谷税務署での1年目は、法人部門に配属されました。

　そのころは本当に次々と法人が設立されていたので、私は毎日法務局へ行き、新しい法人の社長の名前や住所、資本金などの申告書を、手書きで写して税務署へ持ち帰り、それを名簿にする仕事をしていました。手も目も疲れ、非常に忙しかったのですが、私は楽しくて仕方ありませんでした。へえ、ほう、と毎日たくさんの会社の情報を見ることができて、大変勉強になったのです。

　そして2年目は、法人税調査部門へ配属されました。

　21歳の若造が、そんな部門で働けるなんて夢のようでした。

　基本的に税務署では、新人は法人税部門に配属されることはなく、税務署の花形部門である法人税部門で働けるというのは、とても運がいいことだったのです。

　法人税部門へいけたのは、私が2年間のヘルプ要員だったからですが、東京で法人税を調査するという経験は、あとあと、自分の役に立つだろうと思っていました。

　配属されてすぐのある日、研修として銀行調査に同行することになり、「明日、ハチ公前に8時50分集合」と言われたのですが、私にはその意味がわかりませんでした。

　とりあえず渋谷のハチ公前で8時50分に待っていたら、そのまま黙々と全員で銀行へ行き、銀行が9時に開くと同時に、一

斉に調査に入ったのです。

　まるで遊びに行くときの待ち合わせのような「ハチ公前、8時50分」が、私が調査へ入った最初の経験でした。調査（査察）へ入るのは、事前通告なしで行くので、銀行が開く10分前に集合し、満を持して開店と同時に入ったのです。これが調査の基本なのだと学びました。

　東京では、たくさんの経験をすることができました。弱冠21歳の私を、大きな会社の社長さんが食事に誘ってくれて、それは多分、早い話が便宜を図ってもらいたいという下心があったのだと思いますが、私は若かったし、便宜を図れる立場にはなかったから、よく食事に連れて行ってもらっていました。

「山田さん、ちょっと食事行きましょう、下で車を待たせてますから」

　そう言って、運転手付きの車で、私は銀座の高級レストランなどへ連れて行ってもらっていました。いまでは御法度なのでしょうが、当時はそんなことは日常茶飯事だったのです。

　私は、いい時代に東京にいたのだと思います。下関にいただけでは見ることも聞くこともできないようないろいろな経験をすることができて、私は本当に運がいいのだと思っています。

エセ東京弁

　ところで渋谷税務署は、渋谷公会堂の隣り、NHKの前にあ

りました。

　都会のど真ん中で、田舎者の私は、都会人のふりをして、よくNHKの社員食堂へお昼ごはんを食べに行っていました。

　NHKには、タレントさんなども出入りしますから、当然のように警備が厳しかったのですが、私は、わざとらしく東京弁を使い、お疲れ様、などと言って、ものすごく自然に警備をくぐり抜けて、食堂へ辿り着いていたのです。

　きょろきょろしたり、写真を撮ったり、挙動不審な態度のお上りさんたちが、ちょっとお客さん、と警備員に止められているのを横目に、だってさあ、あの件はさあ、などと言いながら、地方から来た同僚たちと一緒に関係者のふりをして、堂々と入って行ったものです。まあ、これも、いまならアウトです。本当にいい時代に東京生活を送っていたのだと思います。

　将来は税理士になるという明確なビジョンがあったので、仕事と遊びばかりではなく、月に2回ほど、土曜の午後から税の専門学校へも通っていました。

　それから、税務署対抗野球大会にも参加して、多摩川の巨人軍グラウンドや、世田谷の高校のグラウンドとなどで、ピッチャーとして試合に出たりもしました（そのせいなのかわかりませんが、私はずっと巨人ファンです）。

　2年間の東京生活は、私の目を開かせてくれました。下関だけにいたら、視野が狭くなっていたかもしれません。

　大都会の中で、見るもの聞くものすべてが刺激的で面白く、仕事終わりに寮の仲間と新橋の居酒屋で飲んだり、休日には横

浜へ行ったり、はたまた信州まで行ってみたり（『あずさ2号』の歌が流行る前です）。仕事の日も休みの日も、東京での生活を満喫していました。

　私はすぐに覚えたエセ東京弁で、寮の仲間たちと学び、遊び、飲み、いまでもそのときの仲間たちと、ときどき東京で会ったりしています。

ドラマのように

　楽しかった2年間の東京勤務を終え、山口へ戻ることになりました。今度は、宇部税務署に配属になりました。

　実家のある菊川町から宇部までは、車で通える距離なので、朝夕と休みの日には、農業に勤しむことができました。

　昭和20年代生まれの青年の遊びは、草野球、麻雀、飲み会（焼肉）が主流でした。私は地元菊川町で草野球チーム「球友会」（監督：久冨豊雄）に所属し、また山口県内の税務署勤務で野球が好きな者が集まり防府市で活動するチーム「防府TAX」（監督：福田長信）にも所属していました。休みの日は午前中は菊川町で試合があり、午後は防府市で練習をしていました。その後の飲み会（焼肉会）が楽しみでした。

　私は23歳、時代はちょうど、山陽新幹線が全線開通した昭和50年。東京ばかりではなく、地方へも経済成長の波は押し寄せていて、東京ほどではないにしろ、地方にも法人が増えて

いました。

　渋谷税務署時代に引き続き、法人税調査部門に配属されることになりました。

　当時の慣例として、26歳以上の経験を積んだ者ではないと、税務署の花形部署である法人税調査部門へは回してもらえないと言われていましたが、皆が憧れる花形部署へ私が配属されたのは、東京での経験があったからです。特例だったようです。自分の運の良さに感謝しました。

　私は決算書を読み、法人所得や帳簿のチェックなどをしながら、時折、納税者さんのところへ調査に行きました。

　私はどこへ行っても人に恵まれる運があるようで、ある大企業の下請けの会社の社長さんが、まだよく調査できない私に、ある日こっそりと教えてくれました。

「山田くん、ええか、これがおかしいんじゃ、わかるか？　よう見てみい」

　社長さんは、請求書の束の中から、社長さんの印鑑が斜めに押してある書類を見せてくるのです。

「ほら、ここ、ワシが印鑑を斜めに押しちょるんはな、ワシが気に食わんからや」

　当時は、大企業からの天下り人事が横行していて、天下りしてきた人に逆らうことができなかったその下請けの会社の社長は、天下りの人が出してくる架空請求の請求書に印鑑を押さねばならないとき、せめてもの抵抗で、印鑑を斜めに押していたのです。

「山田くん、よう見てみいや」

　そう言って社長は、言葉にはせずとも暗に不正を教えてくれたので、私はそれを調査することができました。

　いい時代でもあったのだと思いますが、私はこのようにして、真っ当な納税者の方たちから学ばせてもらっていたのです。

　こんな調子で法人調査をやっていた私は、若気の至りで、税金をどんどん徴収しようと少し調子に乗りかけてもいました。しかしそれを諫（いさ）めてくれたのは、仕事のできる50代の上司でした。

「ええか、山田くん、ここにニワトリがおる。このニワトリを丸裸にして捕まえるか、それとも毛が生えたきれいなまま捕まえるか、どっちを選ぶ?」

　その上司が教えてくれたのは、税金は「取る」ものではなく、「払っていただく」ものだから、無理やりニワトリを追いかけ回して丸裸にするのではなく、丁寧に接して無傷のままニワトリを捕まえろということだったのです。

　まあ、納税者をニワトリにたとえるのは失礼な話でもありますが、納税者には丁寧な態度で接するようにと教えてくれたのです。

　若かった私が、その教えを守るようになると、その思いが自然と態度に出るのか、こちらから頭を下げていくと、「山田さん、すみません」と、向こうから申告をしてくれるようになりました。

　その上司はこうも言ってくれました。

「山田くん、キミはまだ若いが、親くらいの年上の人でもキミ

に頭下げてくれるやろ。でもな、税務署やめたら誰も頭下げて
くれんぞ、それがキミの実力や。いまは後ろに税務署の看板が
あるから頭下げてくれるだけのことや、よう肝に銘じておけ」

　私は上司の言葉を肝に銘じました。

　下関での800円事件のときにわかったように、税金を納めな
い人にはそれなりの理由があり、その理由を理解し、心を寄せ
ていくことが、一番大事なのだと思いました。

　税務署の仕事で一番大事なのは、人間関係なのだということ
も肝に銘じました。

　俳優の小林稔侍さんが税務調査官を演じているドラマがあり
ますが、小林さん演じる東京国税局の窓際太郎が、常々言って
いる言葉があります。

「お客さんから税金はいただくもんだよ、決して取るもんじゃ
ないよ」

　私は、本当にその通りだと感心しながら、その2時間ドラマ
を観ています。

　窓際さんのようにかっこいい帽子は被って行きませんが、気
持ちだけは同じ思いでいます。

私が山田です！

　宇部税務署での4年目に、私は結婚することになりました。

私の叔母が、私にぴったりな女性がいると紹介してくれたのが縁でした。

　私には少しせっかちなところがありまして、その女性がデパートで働いているということを知ると、早速彼女を見に行ったのです。

　彼女は当時、デパートの外商部の受付をしていて、私はそこへ、一目だけでもいいから彼女を見ようと、こっそりとデパートへ行ったのですが、落ち着いた佇まいで仕事をしている可愛らしい彼女の姿を見て、私の性格上、黙ってはいられません。

　受付にいた彼女の前へ行き、「私が山田です」と名乗ってしまった。

　彼女はびっくりしていましたが、にっこりと微笑んでくれて、ああ、私はこの人と結婚したいと思いました。

　私には、いつか税理士になり、そして農家を継ぐというはっきりとした目標がありましたので、最初から、そのことを彼女に伝えました。

　彼女は農家の娘でしたから、私はちょっとだけ心配していました。農家の娘は、農家へは嫁がないというのが当時の主流でしたから、実際、私の姉2人も、農家ではないところへ嫁いでいて、彼女も農家を嫌がるのではないかと思ったのです。

　農家が大変だというのは、農家に生まれた子どもはみんなわかっています。

　しかし彼女は、農家の仕事が好きだったようで、私の心配は杞憂に終わりました。それに、当時彼女はまだ19歳だったので

すが、どこか非常に大人びて見え、さすが農家の娘だけあって、何事もお天道様に任せるような、なるようになるというような考えを持っているようにも見えました。

　彼女は、私と同じ菊川町で生まれ育っていましたが、地区も年齢も違うので、互いに面識はありませんでした。しかし、私たちは同じ景色の中で育っているので、ある意味ベースが同じだったのです。

　彼女は私の目標にも理解を示してくれたので、トントン拍子に話は進み、1年後に結婚することになりました。私が26歳、彼女が20歳のときでした。

　結婚式には、高校3年生のとき私に将来の道を示してくれた石光先生にも来ていただきました。新婚旅行は宮崎へ行きました。

　ちなみに私の誕生日は11月14日、妻は11月18日、結婚したのは11月23日です。11月は祝い事の多い月となりました。神様が引き合わせてくれた縁なのだと思っています。

　私の宇部勤務は4年間だったのですが、4年目に結婚したため最後の半年間は官舎に入りました。新婚生活がスタートして半年後には徳山税務署へと転勤になり、その半年後に長男が生まれ、その翌年に次男が生まれました。

　家族4人で暮らしていた徳山の官舎では、薪からガスに替わってお風呂を沸かし、電気でごはんを炊いていましたが、菊川町の実家では、まだ薪を使ってお風呂を沸かし、ごはんも薪で炊いていました。薪で炊くごはんはもちろん自分の田んぼで

作ったお米です。農家の仕事は大変ですが、美味しいごはんが
食べられるので、重労働もなんのそのなのです。

私は昭和のお父さん

　徳山へ転勤するとき、私は資産税部門を希望しました。
　資産税部門というのは、主に相続税のことを調査します。
　誰もが羨む法人税部門から、資産税部門への移動を希望した
私に、皆は不思議がっていました。しかし、10年後には税理士
になると決めていた私には、いろんな部署での経験しておきた
いという気持ちがありましたから、当然の選択だったのです。
　税務署に10年間務めていると、税理士試験の5科目のうち、
3科目が免除されます。私は26歳のときに、「簿記論」と「財
務諸表論」の2科目を受験して合格していましたから、あとは
どれだけ現場を見て学ぶかです。
　当初の計画では、30歳になったら公務員を辞めて税理士事
務所を開設するつもりでしたが、30歳のとき、実家の母屋を建
て替えることになりローンを組んだので、そのローンの返済の
ことを考えて、辞めるのをもう少し先にすることにしました。
　母屋の棟上げは4月、そしてその年の12月、私の父が脳溢血
で倒れ、翌年の4月に亡くなりました。父が新しい母屋に住ん
だのはほんの数ヶ月のことでした。
　それからは、母が1人になりましたので、私の妻と子供たち

が、私の母と一緒に実家で暮らすことになり、私は単身赴任となりました。とはいっても、毎週金曜日の夜には実家へ帰り、農作業をし、月曜日の朝から徳山へ戻るという生活でしたので、本格的な単身赴任という感じではありませんでした。

　その後、下関税務署へ転勤になり、署長から、「山田くん、国税局に行ってくれんか」と言われ、少しだけ悩んだ挙句、広島国税局へ転勤することになりました。国税局では、地方の税務署と違って扱う案件が桁違いに大きいので、自分の将来に役に立つと思ったからです。

　一瞬悩んだのは、週末に農業をするのに広島だと遠くなるなあと思ったからです。

　広島では、単身赴任用の官舎に入りました。徳山にいたときと同じように、私は金曜の夜に荷物を抱えて新幹線に乗り、洗濯物を全部妻に任せ、月曜日の朝にはきれいに洗濯してアイロンがけしてもらった衣類を抱え、朝一番の新幹線に乗っていました。

　広島国税局は、中国地方5県を管轄しているので、今週は島根、来週は岡山、というように、私はほぼ毎週のように出張して、単身赴任先の官舎には、月に2回ほどしか帰らないような生活をしていました。ほぼ旅館暮らしだったのです。

　そのころの私には体力があったので、そんな生活も難なく乗り超えていましたが、一番大変なのは妻だったと思います。

　これまで私の父がやっていた農作業を、すべて私の妻がやっていたからです（私は週末になると洗濯物の山を抱えて帰って

いましたし）。

　妻は愚痴ひとつ言わず、農作業をこなしていました。農作業よりむしろ、日曜日に大量の洗濯物にアイロンがけをすることの方が大変だと言っていました。

　そして妻はいつの間にか、トラクターやコンバインの運転が誰よりも上手くなっていて、農機具メーカーの方たちから、「いやあ、山田さんとこは、旦那さんより、奥さんの方が運転うまいですもんねえ」と口々に言われるようになりました。

　農業に関しては、あのころからもう、妻が私の上司でした。

　もちろん私も農作業はやっていましたが、子どものために仕事を休むなどということは一切せず、子育ても家事もすべてを妻に任せていたので、あのころの私は、完全なる昭和のお父さんだったのです（まあ、いまもそうかもしれません。妻に捨てられないよう頑張らねばとは思っています）。

そ、そこは開けないで！

　広島国税局で働いていたとき、様々な事案に遭遇しました。

　資産税というのは、主に相続税のことを調査しますから、相続の仕事をしていると、いろんな人間ドラマが見えてくるのです。

　調査に入る日は、告知をしませんから、財産を隠していそうな家へ、徹底的に調査をしたあと、黙って突然行くわけです。

　あるケースでは、とある銀行からの情報で、その家の主が貸金庫を契約しているという情報がありました。私たちにはその貸金庫の中に何が入っているのか調べることも重要なミッションです。

　朝、その家へ行ったら、寝起きの年輩の女性が出てきました。

　女性は、調査がきたことに動揺し、ウチには金庫はないと言い張ります。

　そこで私は、「おっかさん、金庫がなくても、銀行に貸金庫借りとるでしょ？　鍵を見せてもらえます?」と言いました。

　もう情報は知られているのだと悟った女性は、しぶしぶ貸金庫の鍵を持ってきました。

「これですよね?」

　と女性が持ってきたのは、なんと、事前に聞いていた銀行の貸金庫の鍵ではなかったのです。別の銀行にも貸金庫があったということです。

　別の銀行にも貸金庫があるという情報は持っていなかった私たちは、結果として、2つの貸金庫に隠し預金を見つけることができたのです。

　もし私がそのとき「奥さん、○○銀行の貸金庫の鍵を持ってきてください」と言っていたら、それしか持ってこなかったでしょう。こちらから先に銀行の名前を言ってはいけないのだと学んだ瞬間でした。

　そしてすべてを観念した女性と一緒に2つの銀行へ行き、貸

金庫の中から隠し財産を見つけました。貸金庫というのは他人が勝手に開けることはできないので、金庫の鍵を開けてもらうまで気を抜くことはできません。

その女性といかに最後まで上手なコミュニケーションをとることができるのか、大事なのは人間関係の問題なのです。

それからまた、ある大きな会社の50代の会長の自宅へ行ったときのこと、私は会長の自宅の2階に、隠し扉があるのを見つけました。

「会長さん、この扉を開けてください」

私がそう言うと、会長はダラダラと汗を流しながら、その扉から目を背け、絶対に開けようとしないのです。ああ、これは、絶対になにか大事なものが隠されていると思った私は、「はよ開けてください!」と、強く言いました。

強く言ってはみたものの、心中では、隠し扉の中に武器でも入っていたらどうしよう、開けた途端、ピストルで撃たれたらどうしようなどと心配して身構えてもいました。しかし、会長の慌てぶりを見ながら私は、きっと隠し預金や宝石類が入っているのだろうという予想をしていました。

しかし、なんと、扉の中から出てきたのは、予想に反して「大人のオモチャ」だったのです。

私は思わず苦笑しました。社会的立場のある大人が、これを見つけられることを恐れて脂汗をかいていたのだと思うと、まだ金塊でも見つかった方が良かっただろうなあと、少し同情し

てしまいました（と言いつつ、いまでは講演をするときなど、この話は私の十八番になっています）。

奥さん、マッチありますか？

　資産を隠す人は、巧妙に隠しているつもりでも、ひょんなところから資産状況がわかったりするものです。

　私が若かった時代は、仕事中でも煙草を吸っているような時代でしたから、煙草を吸うような素ぶりを見せて、調査に入った家の奥さんに、「マッチありますか？」と聞いてみるのです。

　すると、無造作にその辺にあるマッチを貸してくれるのですが、そのマッチが、高級料亭のマッチだったり、貸してくれたライターが高級クラブのものだったり、それを見て、どんなお店へ出入りしているかをチェックするのです。

　立派なお屋敷へ調査に行ったとき、「素晴らしい庭ですねえ」と庭を褒めると、その家の奥さんは「ええ、自慢の庭なんですよ」と嬉しそうに言います。

「こんなに立派な庭だと手入れが大変そうですねえ、誰が手入れしとるんですか」と聞くと、「ええ、庭師さんがね、春と秋に2回来てくれるんですよ」と言います。「1人の庭師さんですか？」とさらに聞くと、「いえいえ、毎回5人ほどで1週間かかるんですよ」と答えます。

　これでもう、この家の資産状況がつかめるわけです。

私が税務署の仕事を始めたころは、事業者も帳面などつけていなかったので、「縁の下にニワトリが12羽おる！」と、ニワトリの数を数えて、原始的に隠れた資産の概算を出していたような時代でした。

　国税局時代には、何億もするような本物のミレーの絵を見たり、背筋が凍りそうなほど光っている上杉謙信の刀を見たり（これも数億！）、歴代名人たちのサインが入った将棋盤を見たり、普通に生きているだけではお目にかかれない物をたくさん見ました。

　そんな宝物を持っている人たちは、それらの財産のことを決して過小評価はしませんでした。払う税金が多くなるとしても、皆さん大抵、自分の持ち物のことは、高額な評価をしてもらう方が嬉しかったようです。

　たくさんの経営者を見てきた私は、そのうち、伸びる会社というのがわかるようになってきました。

　若造の私に対しても、低姿勢で丁寧に対応してくれる社長さんは、皆さん正直に申告してくれます。そしてその社長さんの会社は、10年後にはもっと会社が大きくなっているのです。

　それとは逆に、社員たちの前で、大きな声で、「ほれ、見てみい、なんも見つけきらんやろう」と、調査をしている私たちに対して自慢げに言い、税金をごまかしていた社長さんの会社は、10年後には倒産しています。

　社員たちも、社長のずる賢さや横柄さを見ていますから、会社は伸びないんです。

　会社というものは、結局、社長の人間力がものを言うのです。

　私は仕事をしているうちに、捜査力がつきましたが、人を見る見方も変わり、**ズルいことをしない正直な人**というのが、人**として一番尊いのだ**ということを再認識することができました。

怪しいなとピーンとくる

　あるとき、1人の郵便局の定額預金通帳が、24冊あったことがあります。

　たとえるならば、「山田花子」という人の預金が、「山田はな子」「やまだはなこ」「やまだ華子」など、漢字やカタカナで名義を少しずつ変え、登録住所も正確な住所と通称とを使い分け、全部で24通りの通帳があったのです。

　非課税となる当時のマル優制度は300万円まででしたから、300万円かける24、合計7200万円分を非課税にしていたのです。

　いまではそんなことはできませんが、昔はそうやって脱税をしている人が多くいたのです。

　昔、36億円の現金が、段ボールに入れられて無造作にガレージにおいてあった事件がありましたが、私は、1億8000万円分の株券が、古新聞に包まれて、冷蔵庫の上に無造作に置いてあるのを見つけたことがあります。

古新聞の上には、おばあちゃんの古着などが適当に乗せられていて、何もわからない人から見ると、ただのゴミのように見えたことでしょう。

　税務署での経験が長くなると、怪しいなと、ピーンとくるようになるのです。

　押入れの布団の間に、株券や現金や債券を見つけることもよくありました。

　私たちは勝手に触ることはできないので、ピーンときたら、税理士さん立ち会いの下、「これは何ですか?」と聞くのです。すると、ああ見つかったというような素ぶりで、皆さんしぶしぶ出してくるのです。

　昔は、銀行の各支店の支店長が、贈答品名簿を持っていたので、調査へ行く前には、その名簿を手に入れていました。名簿は、Aランク、Bランク、Cランクと分かれています。Aランクの顧客は、何億も資産を持っているような家ですから、Aランクなのに申告額が少ないと、本格的に調査をするのです。

　もういまは、そのような名簿もないようですが、タンス貯金は健在のようです。

　あと少なくなったものといえば、カレンダーがあります。昔は、調査する家に行くと、必ずカレンダーをチェックしていました。証券会社の名前の入ったカレンダーがあると、ああ、この家には株があるのだなあとわかったものです。

　いまは、外国の債権や仮想通貨というものが、資産となっていることが多いようですね。

素晴らしい家族

　広島で4年間勤務したあと、私はほとんど強引に下関に戻してもらったのですが、下関にいたのは1年、結局また広島へ戻り、今度は総括上席国税調査官となりました。

　相続調査へ行くと、税理士に会うことが多く、私は将来の自分の姿をそこに見ながら、相続調査では、税理士を味方につけると有利だということを知りました。

　私たちの仕事には、証券会社のようにノルマはありませんが、統括官が、各人の成績表をつけていました。

　成績がいいのは、人間関係を上手に作れる人でした。

　どんな仕事でも同じだと思いますが、仕事をする上で一番大切なのは、良好な人間関係を築けるかどうかなのです。

　広島にいたときに、とある農家の相続税の調査をすることになりました。

　父親が亡くなり、父親が持っていた農地が、高速道路ができるために国の買い上げとなり、7000万円ものお金が入ってくることになったのです。相続人は3人の子どもたちでした。

　長男が家を継いでいたのですが、長男はそのお金を、弟と妹に平等に分けようとしていました。しかし弟と妹は、なんと、お金はいらないと言うのです。お兄ちゃんが家を継いでお墓も仏壇も守っているのだからお兄ちゃんが全部もらってくれと言

うのです。

　弟も妹も、決して裕福な生活をしていたわけではありません。2人とも、県営住宅に住んでいました。

　普通ならば、大金が入ったら、我も我もと欲しがりますが、そこの兄妹は違ったのです。いらないいらないと言ってもめているのです。

　家を継いだのはお兄ちゃんだから、お兄ちゃんがもらってくれと、お盆とお正月には行くからよろしくと、そう言って長男にすべてを譲ろうとするのです。

　私はそんな事例を初めて見て驚きました。

　最終的には、弟と妹がやっと500万円ずつ相続しましたが、その兄妹を見ていて思ったのは、きっと、父親の教育が良かったのだろうなあということでした。

　彼らを見ていて、ああ、なんて素晴らしい家族なんだと、感動したことを覚えています。**親の教育がいいと、お金に執着しない素晴らしい人間に育つのだなあ**と思ったのです。

　私は、相続の仕事をしているうちにいつしか、将来は相続専門の税理士になろうと決めていました。

　相続の仕事をしていると、人生が見えてくるのです。

　相続にはお金が絡むので、人間の本性が現れてくるのです。

　素晴らしい人たちと出会うと、本当に心が洗われて、人間は捨てたもんじゃないと思えてくるのです。

第3章　税理士事務所設立

いざとなれば米がある

　30歳のときに、税理士試験に合格しました。

　そして、10年で税務署を辞めるはずが、結局は43歳まで25年間勤めました。

　30歳のときに辞めようと思ったときには家のローンがあり、20年目の38歳のときに辞めようとしたときには、あと5年働けば、退職金が500万円違うと知人から教えられ、「ありゃ、それなら、ここまできたならあと5年」と、43歳まで頑張ることにしたのです。

　あちこちの税務署や国税局へ行き、いろんな土地で少し顔が利くようにもなっていて、道を歩いていると、「山田さん、今日はどちらへ?」などと声を掛けられるようなこともありました。

　結局は、何事も人間関係なのです。

　若いころから、私は素晴らしい上司や先輩に恵まれていたので、彼らからたくさんのことを学びました。

　偉ぶらないこと、尊厳を持って人と接すること。これを信条とし、いつかは辞めることを決めていたので、短期間のうちにいろんな経験をしたくて、のんびりしている場合ではないとが

むしゃらに仕事をしていました。

　そのおかげか、いつもトップクラスの成績を残すことができたので、それなりに出世することができました。

　私が18歳のころに学んだ税務大学校で、講師としてときどき授業を持つこともありました。自分よりうんと年上の税務署の職員に、講義をすることもありました。

　39歳のときには、山口税務署の統括官になり、2年後、希望を出して下関へ戻ってきました。どうしても下関に戻りたかったのは、税理士事務所を開く目標から逆算して最後の2年間は、地元で良い人間関係を作りたいと思っていたからです。

　そしていよいよ、税務署を辞めるときがきます。

　国家公務員の仕事なんて、途中で辞める人はほとんどいません。

　私は、辞めることを、署長と副署長以外、ほぼ誰にも伝えていませんでしたが、うすうすわかっている人もいたようです。

　私が辞めることを知った人たちからは、「なして辞めるんか」「おってもらわんと困る」と引き留められましたが、引き留められたことは光栄でした。

『一隅を照らす』

　高校2年で知ったこの言葉通り、私は、ここにおってもらわんと困ると言われる人間になれたのかもしれないと思い、とても嬉しかったのです。

　平成8年、7月10日の年度替わりの日に退職することになり

ました。

　安定した公務員の仕事を辞めるわけですが、妻は何も言いませんでした。

「なんで何も言わんのか」と、むしろ私の方が怒ってしまったくらいです。

　すると妻はのんびりと、「いざとなったら米と野菜がありますから」と言ったのです。さすがです。農業をやっている人間は、どこか肝が据わっているのかもしれません。

　──すべてはお天道様が決めること。

　農家の人間には、そんな考えが真ん中にありますから、私も妻も、なんとかなるだろうと考えていたのかもしれません。

　税理士事務所を開業する前年に、妻に簿記の資格を取ってもらっていました。妻は、商業高校を出ているわけでもないのに、楽しそうに簿記の学校へ行っていました。

　妻が学んでいたのは、一般の主婦のための授業だったようで、貸方、借方という専門用語も、右や左でいいですよと教わり、例題には大根や人参の話などが多く出され、身近な野菜の話だったから、すんなりと頭に入ってきたと言っていました。

　大自然を相手に農業を営んでいる妻は、何事もすんなりと受け入れる人間なのですが、私のような人間の妻でいることで、妻の器はますます大きくなるんだろうなあと思っています。

　そして、税務署を辞める数ヶ月前、良い場所に物件が見つかり、そこを事務所とすることになりました。

　平成8年7月15日、事務所開設。8月21日、開業の許可が下

りました。

最初のお客さん

　事務所を開いた当初は、私と妻と、私の姉との3人体制での
スタートでした。

　私が税務署を辞めることが町に知れ渡ったとき、あちこちの
税理士事務所からお誘いを受けました。私はまだ43歳でバリバ
リ働けますし、国税局での経験もありますから、どこの事務所
も私が戦力になると考えてくれたようです。

　しかし初めから、雇われ税理士になるつもりはなかったので、
全部丁寧にお断りしました。私はずっと相続関係の仕事をして
きましたから、最初は安定しないだろうけれど、そのうち相続
の仕事がくるだろうと思っていました。

　すると、私のことを誘ってくれたあちこちの税理士事務所か
ら、「山田さんは資産税の統括をしよったから、なんでもわか
るじゃろ、いろいろ教えてくれ、顧問料を払うから」と10件ほ
どの依頼がありました。毎月2万円ずつ相談料をいただけるこ
とになり、固定収入が入ることになりました。相続に関してわ
からないことがあったら、私がアドバイスをするのです。

　そのあとすぐ、今度は郵便局から、月に2回、無料相談の顧
問の仕事できてほしいという依頼もきて、事務所のスタートと
してはかなり恵まれていました。

　そして、私が自分の事務所の看板を出してすぐに、ある税理士さんが急死されたのです。その方の事務所では、お客さんをたくさん抱えていて、困った職員さんが、すぐに私のところへ連絡をくれました。そして、その方のお客さんたちが、職員さんと一緒に、私のところへ移ってくることになったのです。

　亡くなった税理士さんは、とても良い仕事をされていたので、職員さんもお客さんも良い人ばかりで、それを引き継ぐことができた私は、なんと運がいいのだろうと思いました。

　職員さんは、長く事務所で働いていた人だったので、私などより何でもよく知っていて、私はいろんなことを教えてもらえて有り難いばかりでした。

　私の最初のお客さんは、亡くなった税理士さんのお客さんでしたが、それから新規でついてくれたお客さんたちも、皆さん、素晴らしい方ばかりです。

　私の経歴を見て訪ねてくる人ばかりですから、ずる賢いような人は来ません。料金を負けてくれというような人も皆無です。

お天道様

　公務員時代から、単身赴任のときには週末だけでしたが、開業以来、朝と夜と週末、私はずっと農業に従事しています。

　公務員時代に、管轄の部署で野球大会があったときなど、農

作業が忙しくて出場できないことが多々ありました。

「あれ？　山田ピッチャーがおらんやないか」

「あ、山田は農作業がありますから実家に帰っとります」

　試合会場では、度々そんな会話がなされていたようです。

　特に5月下旬の田植えの時期など、野球などやっている暇はないほど忙しいのです。

　私は体力がある方ですから、仕事と農業を兼業できるのかもしれませんが、美味しいお米を食べるための農作業は、楽しい仕事でもあります。

　45歳のとき、みっちりと農作業をやった次の日にゴルフに行ったときのことです。

　思いっきりスイングをしたときに、私の腰が、グキッとなりました。そうです、腰を痛めてしまったのです。しばらくは、農作業もできない、仕事で座るのもつらいような状況になりました。

　そのときから、きっぱりとゴルフをやめました。

「ああこれは、神様がゴルフをするなと言いよるっちゅうことだ」

　私はそう思ったのです。

　私にとって神様とは、お天道様のことです。

　お天道様には文句の言いようがないので、いつの間にか無駄な抵抗はしない生き方が身についています。そりゃあ、ゴルフを続けたい気持ちはありましたが、お天道様がするなと言うなら仕方がないのです。私にとって大切なのは、農業と税理士の

仕事をちゃんと両立させることです。それが、私が高校生のころに立てた人生の計画です。

　私は子どものころから、じーっと待って、時機を見て動くような性格でした。

　じっくりと計画を立てて、時機が来たらそれを実行に移してきました。

　それはきっと、一生懸命農業に従事していた父や母の背中を見て育ってきたからかもしれません。

　私の父は、人のいい、真面目な人間でした。どちらかというと母の方が厳しかったですが、どちらもとても優しかった。姉たちも優しくて、姉弟仲はいまもとても良好です。

　父も母も、他人の悪口は言わず、お天道様に逆らわず、こつこつと生きていました。そんな家族の中で、大事に育ててもらったことを、私はとても感謝しています。私は、家族に対して、一切、恨みつらみがありません。

　このようなことが、いかに恵まれていたことであるか、私は家庭裁判所の調停員をやることになったとき、実感することになるのです。

山田調停員さん、正解です！

　52歳のとき、税理士会の支部長から電話がかかってきて、家庭裁判所の調停員に税理士がいないからと、「山田くん、やっ

てくれんかねえ」と言われました。

「いいですよー」

　私は、二つ返事で引き受けました。基本的に、私は来るものは拒みません。

　月に1回の案件を2つほどでしたから、そんなに負担はかからないと思っていました。

　はじめは、離婚調停も引き受けていたのですが、昔なら考えられないような理由で簡単に離婚したいという人たちに付き合うことに、昭和世代の私はくたびれてしまい、途中から、相続専門にしてほしいと希望を出しました。

　相続案件では、大抵が、兄弟姉妹で相続の取り分でもめています。

　あるとき、年若い裁判官が、財産の目録を見ながら、「これは家族名義の預金ですから、財産からは外れますよ」と言ったんです。

　そこで私が、「いえこれは、亡くなった方が勝手にやったことですから、家族名義でも財産に入るんです」と言ったら、その財産を争っているはずの相手方が、「その通り！　山田調停員さんが正解です」と言ったのです。

　若い裁判官が知らなかったことを、当事者たちの方がよく知っていて、私は驚きました。知っているからこそ争っているということなのですが、ちょっと私は笑ってしまいました。

　そんなに冷静に数字を見ているのならば、兄弟姉妹の関係も冷静に見てほしいと思ったのですが、そんな簡単にいかないか

ら調停に持ち込まれているんですね。

　法定相続人というのは、遺言書がない場合、財産分割の割合は決まっているのですが、皆さんの言い分を聞いていると、親は自分を可愛がってくれなかったとか、親は兄ばかりを可愛がったとか、皆さん、子ども時代の恨みつらみが出てきて、協議分割書に印鑑を押そうとしないのです。

　調停委員として経験を積むほど、私はわかってきました。

　印鑑を押さない人は、もっとお金を寄こせと、取り分に不服があって印鑑を押さないわけではないんです。

　「親からの愛情がもらえなかった、親の愛情は平等ではなかった、だから自分は印鑑を押したくない」と思っているのです。

　結局は、根本にある、長年の恨みつらみが原因であることがほとんどでした。財産は平等に分ける権利があるのに、平等に接してもらったという意識がないから、印鑑を押さないというわけです。

　1～2年ほど調停を重ねると、やがて大抵の人の感情は収まっていき、抵抗をやめ、印鑑を押して終了となります。

　協議分割書に印鑑を押すということは、**相手を許し、自分のことも許す**ということでもあるのかもしれないなと思っています。

その言葉を待っちょった！

　あるとき、調停室に、16人もの関係者が入ってきたことがありました。

　亡くなった方には子どもが6人いて、6人の中には亡くなっている人もいましたが、それぞれの子どもたちも含めて相続人は16人にもなり、一人でも欠けると手続きは進まないから大変でした。

　超満員の調停室を見て、これは長いことかかるだろうと思っていたところ、これが意外な解決を見せました。

　何回目かの調停のとき、

「ワシは金はいらん」

　1人の相続人がそう言い出したのです。

　私は、その言葉を待っていました。その言葉が発せられると、途端に他の相続人たちも口々に言います。

「私もいらん」

「おれもいらん」

　そしてあっという間に調停が終了しました。

　誰か1人が冷静に判断できると、皆が冷静になるという好事例でした。

　調停で、相続問題で争われる案件の3分の1ほどは、財産が1000万円以下の案件です。

　億を超えるような財産がある方は、基本的に弁護士や税理士をつけている場合がほとんどですので、相続人がもめるようなことは少なく、なぜか、相続人同士がもめてしまうのは、財産が1000万から3000万円くらいの場合が多いのです。

　相続税には、基礎控除額というのがあり、3000万プラス、相続人1人につき600万円。相続人が1人の場合ですと、3600万円、2人ですと4200万円が基礎控除額となります。ですから財産がそれを超えていなければ、申告の必要はないのです。

　ということは、申告の必要のない方々が、争っているということになります。

　調停員としての私には、決まり文句がありました。

「ええですか、現金は棺桶に入れられるけど燃えてしまうでしょ。不動産は棺桶に入れらんから天国までは持っていけん。そんな現金や不動産の取り合いでケンカしとるなんて、おかしいと思いませんか」

　そう言うと、ほとんどの方が下を向いていました。

　下関は狭い町ですから、道でばったり相手方や申立人と会うこともよくあります。そんなときは皆さん、とても感じがいいんです。それが兄妹姉妹同士になるともめている。

　私は、調停員を務めながら、**大切なのは親の愛と教育なのだなあ**と、しみじみ思い知りました。親が子どもに引き継ぐ大切なことは、お金ではないのです。

　家庭裁判所での調停委員は、8年間続けました。嫌になってやめたわけではなく、そのころから下関市の監査委員や包括外

部監査人としての仕事もすることになったので、これ以上兼業はできないと、やめることにしたのです。

第4章　人生の後半に

アイガモ農法

　私の田んぼでは、元々、規定の半分くらいしか農薬は使っていませんでしたが、常々、もっともっと農薬を減らしたいと思っていました。

　ある年に、隣家の農家が、アイガモ農法を始めることになったのです。

　アイガモ農法とは、カモとアヒルを交配させたアイガモを、田んぼに放つ農法です。アイガモたちが、田んぼの中を回りながら、雑草や害虫を食べてくれるので、農薬や化学肥料を使う必要がありません。また、アイガモたちが水掻きで土を掻き回すことで田んぼの土が循環するので、その土は、空気をたくさん含んだ良い土になります。しかもアイガモの糞がよい肥料になり、稲がよく育ち、手間はかかりますが、昔ながらの合理的で楽しい農法です。

　私は、隣家が始めたアイガモ農法をずっと観察していました。私よりもよく観察していたのは妻で、ある日、ついに、ウチもやってみようよと言い出しました。

　農業においては妻が私の上司ですから、もちろん私は逆らい

ません。私自身、いつかやってみたいなと思っていましたし、妻が、隣家のアイガモの可愛さに夢中になっているのを見ていて、そのうちやろうと言い出すだろうなと思っていました。

　隣家が始めた３年後に、私たちの田んぼでもやることになりました。

　アイガモの小屋は、大工をやっている従兄が作ってくれました。アイガモたちを野生動物から守るためのネット張り作業は、息子たちに手伝ってもらいました。そして準備万端整えて、最初の年のアイガモは、千葉からやって来ました。

　小さなアイガモのヒナを田んぼに放つと、ピヨピヨピヨと、それはまあ可愛らしい声で鳴きながら、仲良く並んでスイスイと動き回ります。小さなアイガモたちが小屋から出たり入ったりする様を、皆で一日中飽きることなく眺めていました。

　３日ほど経つと、ヒナたちの匂いを嗅ぎつけたキツネやイタチが、夜半に奇襲をかけてきましたが、ヒナたちは安全な小屋の中で眠っています。そのうちに、カラスやトンビにも狙われ始めます。ピンと張ったネットで、動物たちの侵入を塞いではいますが、ふと気がつくと、ヒナたちの数が足りなくなっていたりもしました。

　アイガモたちは、朝昼晩、よく働きます。

　田んぼに入れてから１週間後、ヒナたちは少し大きくなり、鳴き声がピーピーに変わります。人間の成長過程にたとえると、１週間後には乳児から幼稚園児へ、その翌週には小学生へ、そして中学生、高校生へと、あっという間に大人になります。

中学・高校生ごろのアイガモたちは、声変わりして、鳴き声がガアガアに変わります。

　そのころにはもう、エサを与える妻にすっかり懐いていて、妻が田んぼの畔道を通るだけで、ついて回るようになっています。

　アイガモは基本、田んぼの草や虫、カエルなども食べていますが、成長期に入るとそれだけでは足りないので、エサとしてくず米を与えます。

　妻は、アイガモの可愛さに負けて、ついエサをやり過ぎてしまうと反省しているようですが、アイガモは本当に可愛くて、ずっと見ていても飽きないのです。

　そして8月下旬、稲穂が出てくると、アイガモたちが穂を食べるようになってしまうので、彼らの仕事は終わります。

　そのあとは、私たちにとってつらい仕事が待っています。

　アイガモたちをトラックに載せて、食肉加工場へ連れて行くのです。

　最初はトラックに載って賑やかにガアガア鳴いているアイガモたちは、加工場へ近づくと、シーンとします。加工場の匂いから、自分たちの運命を悟るのかもしれません。

　最初の年は本当につらかったです。

　しかし私たちは、10月下旬ごろに戻ってくる彼らを、美味しく食べるのが供養だと思っています。食肉となって帰ってきた彼らを、私たちは美味しくいただきます。

　私は、約3ヶ月間の仕事を終えたアイガモたちが、そのあと

2ヶ月ほど、加工場で、3食昼寝付きの気楽な引退生活をしているはずだと信じています。

アイガモ農法を始めてから、もう11年になりました。

人生の楽園

私たちが、隣家に倣ってアイガモ農法を始めることになった年、隣家が、テレビ朝日系列のドキュメンタリー番組『人生の楽園』に取材されることになりました。

隣家は、アイガモ農法で作ったお米を使った、美味しい米粉のロールケーキが人気のケーキ屋を営んでいます。その美味しさが評判となり、ついにテレビでも紹介されることになったのです。

そのとき、ちょうど私の田んぼでアイガモ農法を始めることになったので、番組的に絵になると思われたのか、撮影クルーは、隣家の指導のもと、私の田んぼがアイガモ農法に変わる様子を撮影し、私たち家族も、隣家と一緒にテレビに出ることになりました。

小屋を建て、ネットを張る様子の場面に、私の従兄も息子たちも映っています。近所の人々で集まって宴会をする場面では、私の妻や近所の奥さま方3人で作った手料理が紹介されました。

菊川町は水が美味しい土地ですから、素麺が特産品でもあり

ます。菊川町名物の焼き素麺と猪鍋と、美味しいお米でたくさんのおにぎりが食卓に並びました。

　皆でそれを食べる場面では、なぜか私が画面の中心に映っていたので、放映を観た人たちから、「山田のおじさん、真ん中に座っとったのいかん！」と怒られましたが、座る位置は、テレビ局の人が決めたのです。私が真ん中を陣取ったのではないのです。

　番組が放映されてからしばらくの間、町の人たちから、観たよ、と言われ続けていたので、テレビの影響というのはすごいなあと、感心したものです。

　ちなみに、私はテレビをよく観ます。

　朝晩、農作業をして、昼間は税理士の仕事をして、いったいいつテレビを観ているのかと聞かれますが、『水戸黄門』や『浅見光彦シリーズ』、そしてもちろん『税務調査官・窓際太郎シリーズ』は録画して、半分眠りながらも欠かさず観ています。

　私がアイガモ農法を始めたときは、山口県内で10軒ほどの農家がアイガモ農法をやっていましたが、いまでは4軒だけになりました。高齢化で、農業をやめてしまう家が増えたのです。

　農家は確かに大変ではありますが、何より美味しいお米を食べられる特権があります。

　八十八と書いて「米」。88もの手間がかかる米作りと言われていますが、天候の変化など、大自然を受け入れることで、人間たちの諍いなどが、小さなことに思えてきます。

　私は、若い世代の人々が、農業をやりたいと思ってくれるよう願っています。

　自分たちで作ったお米の美味しさを知ると、苦労は報われます。

　自然の中で暮らしていると、日々の季節の美しい移ろいに、心がとても豊かになりますし、風が肌に触れる感触や匂いで、天候の変化がわかるようにもなります。

　アイガモたちがやってくる季節になると、私は散歩の時間を楽しみにしています。田んぼのあぜ道をそぞろ歩いていると、私に驚いたカエルたちが、慌てて田んぼに飛び込みます。それを、アイガモたちがわーいわーいとでも言うように、喜んで食べている様子を見ていると、何事にも無駄はないのだと、すぐそこに健在している自然界の食物連鎖の一端を見て、ホッとしたりもするのです。

変な人の書いた本

　そんな私の趣味は、「斎藤一人」さんの本を読むことです。

　私はたくさんの作家の本を読むより、気に入った作家の本を何十回も読むタイプです。

　下関の人間ですから、明治維新や関ヶ原合戦などに関する歴史の本が好きで、司馬遼太郎さんの本もよく読みますが、人生について書かれた斎藤一人さんの本に出会ってからは、斎藤さ

んの本をよく読んでいます。

　最初に読んだ本は、『変な人の書いた成功法則』でした。

　成功したいと思って手に取ったわけではなく、変な人の書いた、というところに惹かれて購入したのです。55歳のときでした。

　ふーん、変な人が書いたのかあ、へえ、著者は中卒なのかあと、特に期待もせずに読んだのですが、これが非常に面白かったのです。

　斎藤さんの本を読み、自分は間違ってはいないと思えました。もしかしたら、私自身が常々考えていたことが活字になっていたように思えて感動したのかもしれません。それから私は斎藤さんの本を買い集め、いまでは事務所の一角に、斎藤一人さんコーナーができているほどです。

　斎藤さんの本には、大切なのは、「愛と光と忍耐」であると書かれています。

　私の永遠の愛読書『一隅を照らす』とも通じるところがあります。

　斎藤さんの本には、宗教的な言葉を使わず、宇宙の神様について書かれています。私にとっては、お天道様が神様でしたので、共感できるところが多いのです。

　例えば仕事に関して、やれることをきちんとやり、状況を整えたら、あとは天に任せるという考え方のことが書いてある。それはまさに、農業と同じです。

　畑を耕し、種を蒔き、あとは天候を祈る。

　太陽があるから、美味しい作物が作られる。

　農業は自然相手ですから、どんなに頑張っても駄目なときがありますが、農家はそれを受け入れます。私は子どものころから、抵抗しても無駄なことには「仕方ない」とすぐに諦め、頭を切り替える癖ができています。農家に生まれたことが、私の原点です。

　私は、斎藤さんの本を読んで、農業もほかの仕事も同じなのだと思いました。

　斎藤さんの言葉では、宇宙の神様となっていますが、私にとってはお天道様です。

　斎藤さんが提唱されている、「やれることをやったら、あとは身を任せる」という生き方は、子どものころから私の身についています。「無駄なことはしない」という考え方は、私の税理士としての仕事にも生かされているのかもしれません。

　私たちにはそれぞれ役目があり、それに気づき、幸せになることが、生きている意味だと書いてあります。

　私はいま相続専門の税理士として、残された人々が、亡くなった人から大切なものを引き継げるお手伝いをすることが、自分の役目だと思っています。**無駄な争いなどしてほしくないと思っています。**

　そして、まず自分が幸せになること。自分が幸せでないと、家族や他人を幸せにできないと考えているので、一見、わがままなようにも思われますが、私は自分の幸せを追求しています。

71

私の幸せは、健康で楽しく、自分の思う通りに生きられること。

　私は、健康で楽しく、自分の思う通りに生きています。

　私はいつも自分の幸せに感謝しているので、そんな人間には運が回ってくると斎藤さんの本に書いてありました。私は本当に運がいいのです。私が幸せだと、人にもそれが伝わるような気がしています。

「わあ、山田さんに会ったら気持ちが明るくなったあ」

　そう言われると、本当に嬉しいです。

　ちなみに私の妻も、常々幸せだと言っています。

「ごはんが食べられて、寝るところがあって、お風呂にも入れる」

　妻の幸せはシンプルでありながら、人間の基本の幸せのようにも思います。

　そんな妻が私のそばにいてくれて、私は本当に幸せです。

山陽道・東海道を歩く

　55歳のとき、私は下関から東京まで歩くことを決めました。

　なぜ歩くのかと問われると、「そこに道があるから」と答えていました。山に登る人が、なぜ山に登るのかと聞かれたときに、「そこに山があるから」と答えるのと同じです。

　若いころ、2年間の東京生活を送っていたとき、私は毎日、

独身寮の最寄り駅の大崎駅を利用していました。やがて税理士になり、あるとき、「日本税理士会館」へ研修を受けに行くことになったのですが、会館があったのが、大崎駅でした。大崎駅から徒歩2分のところに、「日本税理士会館」がドカーンと新築されていたのです。

へえ、こんな縁もあるんだなあと思いながら、私は会議や研修で、年に何度もそこへ通うことになりました。もう50回以上は通っています。

大崎駅へ着くたびに、若かったころの楽しかった思い出が蘇り、不思議な縁だなあとしみじみ思っていたのですが、あるとき、ふと思いました。

「待てよ、こんなに早う着いてしもてもいいんかな」

東京へは、8割方、宇部空港から飛行機で行っていました。残りの2割くらいは新山口駅から新幹線です。どちらも、あっという間に東京へ着いてしまうわけですが、ふと、こんなに早く着いてしまうのは随分もったいないことなだなあと思ったのです。

時間がもったいないと思う人にとっては、文明の利器の利用が時間の短縮になっていいのでしょうが、私にとっては、超高速での移動が、なんだか自然なことではない気がして、飛行機や新幹線で飛ばしてしまっている景色を見られないのがもったいないと思ったのです。

そこで、東京まで歩いてみようと思ったわけです。

よし、これから10年かけて、下関から東京まで、山陽道と東

73

海道を歩いて踏破するぞ！　と決めたのです。

　平成19年11月3日（土）午前10時35分、私は家族や事務所のスタッフに見送られて、山陽道の起点である下関市の亀山神宮を出発しました。

　ほとんどが、2～3日かけて歩き、いったん電車で戻り、次の機会に最終的に歩いた地点まで行き、また歩き、歩いた距離を延ばしていきます。東京の日本税理士会館や、名古屋や大阪での研修や会議があるときなどを利用して、こつこつと歩きました。

　研修や会議のあとに休みをとって歩きます。会議の前だとくたびれてしまいますから、終わったあとに歩くのです。

　はじめは、暑いときや寒いときは大変かもしれないと思っていましたが、会議や研修は、わりと気候にいいときばかりに行われるということに気づきました。そんなものなんですね、これは、歩いてみることにしたから気づいたことでした。

　大阪までは、国道2号線を歩きました。東京までは国道1号線。

　そのうち、妻も一緒に歩いてくれるようになりました。一人で歩いているときは、その辺の普通のビジネスホテルに泊まっていましたが、妻と一緒のときは、ちゃんと温泉旅館を予約しました。

　箱根の山を越えるのは大変でしたが、温泉は良かったですねえ。

　私は、東京まで歩くことにしたことを、お客さんたちには黙っていたのですが、確定申告の時期などに私が留守にしていて、ついうっかりスタッフが「いま、所長は歩いています」と言ってしまい、皆さんの知るところとなりました。

　それからはお客さんたちが楽しみにしてくれるようになり、仕事でお客さんに会うたびに、「山田さん、いまはどこまで歩きました?」と聞いてくれるので、やめるにやめられなくなってしまいました。

　スタートしてから10年、計画通り、東海道の終点である日本橋にゴールすることができました。平成29年11月12日（日）、お昼の12時15分、家族や事務所のスタッフに見守られながらのゴールでした。

　みんながわざわざ駆けつけてくれたのです、と言いたいところですが、私のゴールに合わせて社員旅行を計画していたので、みんな、東京へ来ていたのです。

　私がこつこつと歩いていることを、家族やスタッフは、何も心配していないと思っていたのですが、10年後にゴールしたあと、実はとても心配していたのだということを知りました。申し訳ない思いとともに、そっと見守ってくれていたことに感謝しています。

　10年というのは、長かったですが、楽しかったですね。

　歩いていると、本当にいろんなことに気づけるのです。昔の東海道が国道1号線になっているんだなあとか、昔の東海道は、軽トラ一台の幅しかないんだなあとか、昔の道路に忠実に歩い

ていて旅館に着くのが夜遅くなったりして大失敗したりとか、飛行機や新幹線で通り過ぎるだけではわからないことが、本当にたくさんありました。

　素敵な出会いも多々ありました。税理士仲間が応援に駆けつけてくれたこともありました。歩いている国道の道路標識に、日本橋まであと○○キロと書かれている距離が、だんだんと減っていくのが励みでした。

　歩行距離1076キロ、全行程42日間。無事完歩。

「秋晴の　見事達成　日本橋」

　よく歩いたものだと自分でも思います。

　実は次の目標もすでに頭の中にありますが、それは確実に計画されてから発表したいと思っています。

　私は、目標を決めたら、どうすれば実行できるかじっと考えます。その間は中途半端に動かず、じっくりと計画を練り、ある程度決まったら、口に出します。やりたいことを口に出すと、自分で自分にはっぱをかけることになりますから、きちんと実行します。

　これが私のやり方です。

第5章　相続税理士としての提言

変わりゆく相続の未来

　長い間、相続の仕事をしてきましが、近年、しみじみ思うのは、相続の形態が変わってきたなあということです。

　相続税法も変わりましたが、問題は、法律的なことではないのです。

　昔は、子どもたちがたくさんいて、相続のときにもめたものですが、いまは、相続人がいなくて困ることが多いのです。

　子どものいない夫婦も増えましたし、離婚件数も増え、結婚しない人も増えました。多様性の時代になり、昔のように、長男が家を継ぐなどということもなくなりつつあります。

　都会だとまだいいかもしれませんが、田舎だと、親が亡くなると、その家は空き家になってしまいます。田舎の空き家は、まるまる負の財産になることが多いからです。

　いま日本では、相続人不明の土地が、まとめると九州の面積くらいあるといわれています。相続人不明の場合、国が土地を取得するのですが、国も、お金にならない土地はいらないというスタンスなのです。

　田舎から都会へ出て行った子どもたちは、親が亡くなって

も、田舎の土地や家はいらないと言います。欲しいのは、現金（預貯金）なのです。

　人口が減るのは、自然の成り行きだからしょうがないと思いますが、ずいぶんと世知辛い世の中になりました。それも時代の流れなのでしょうか。

　いま、税理士事務所には、相続以前の問題が持ち込まれることがあります。自分には相続人がいないから、誰かいないだろうかと、相続してくれる人を探してほしいというのです。それは税理士の仕事ではないのですが、たまに親しい人だと、アドバイスをしたりはします。

　一番早いのは、誰かを養子にすることですが、近い親戚から遠い親戚まで当たってみても、芳しい返事はもらえないようです。もうそうなると、どこかへ寄付をした方がいいと思うのですが、現金ならまだしも、あまりお金にならない家や土地を売る手続きなどは大変で、本当に困っているようです。

　相続人がいないのは、社会問題です。

　極端なたとえで言うと、野球は9人でやりますが、いまは3人でやらなければいけない、どうしたらええんか、という時代です。

　相続でケンカするのは、相続人がいないよりまだいいと思ったりもするのですが、そのケンカの仕方が、近ごろは目も当てられないような事態になることもあるようです。

　昔は子どもの数が多かったから、どうしても1人くらいは文句を言ってくる人がいたのですが、そのうちに他の兄弟がまあ

まあと諌めてくれました。しかしいまは2人しかいないのに、その2人で憎み合い、事あるごとに、殺してやると、そんな物騒な言葉を簡単に吐くのです。残された家族は2人しかいないのに、仲良くしようなんて気持ちはさらさらなくて、そんな言葉が飛び交っていることが恐ろしいです。

　これは、後進国の話ではないのです、日本の話なのです。そんな話を聞くと、本当に、この国はどこへ向かっているのだろうかと、暗澹たる気持ちになることがあります。

60歳になったら家族会議を！

　人間は皆、老いていきます。必ず死ぬときがきて、死ぬときに持っていけないものは残される人間に託されます。

　自分の死後、家族にどうしてほしいのか、それを、元気なうちに家族で話し合っておくことが大事だと、私は強く思っています。

　70歳くらいになると、認知症になったり、身体が弱って思考力が落ちることもあります。ですから私は、せめてまだ元気でいられる60歳くらいのときに、家族会議をすることを勧めています。

　これは決して、財産のことだけではありません。

　自分たち家族の歴史を振り返り、楽しかった思い出や悲しかった思い出など、それぞれが言いたいことを言い、わだかま

りを解消し、今後、自分が亡くなったらどうしてほしいのか、残される人間はどうすればいいのか、一度きちんと話し合っておくのが賢明だと思っています。

　相続の仕事をしていると、相続の裏側に、家庭の内紛が見えてきます。

　親が何も話さないまま亡くなってしまうと、残された子どもには、後悔や恨みなど様々な負の感情が押し寄せて、何事もシンプルに進まないことが往々にしてあります。

　親がどのように生きてきたのか、早々に家を出て独立した子どもには、わからないのかもしれません。子どもは、親の背中を見て育つといいますが、子どもが子どもであった時代の目線と、子どもが大人になってから親を見る目線は違います。

　親は、子どもに、自分の気持ちや感謝を伝え、子どもは、親への感謝を伝えるのがベストですが、もちろん、恨みつらみを吐き出すのもいいと思います。

　うちの家族は大丈夫だと思っていても、それは実は表面だけのことで、蓋を開けてみると、愛憎入り乱れた複雑な関係性が見えてくることがあります。

　いまはもう、「言わなくてもわかる」時代ではないと思うのです。

相続はバトンパス、心を引き継ぐ

　相続の仕事をしていていつも思うのは、相続というのは、親から子へバトンを渡すことなのだなあということです。

　ウチには財産がないから、相続なんて関係ないと思われる人も多いでしょう。

　しかし、**本当の財産とは、お金ではなく、心、生き方なのです。**

　どのように生きてきたか、生きるうえで何が一番大切だと思っているか、親は、それを子どもに伝え、**良い心をバトンパス**していければ、世の中もとても良い方向に行くのにと、私はいつも思っています。

　いま、老後の面倒を見てくれて介護をしてくれた子どもに財産を残し、面倒を見てくれなかった子どもには残さないという事案が多くありますが、もしかしたら、親の態度によって、親の面倒を見たくないと思ったのかもしれない子どもの気持ちには目を向けていません。目先のお金のために、面倒を見ていた子どももいるかもしれません。

　引き継ぐのは預金通帳だけでいいと、自分が生まれ育った家を売ってもお金にならないからと、空き家を放ってしまうのは、その家に愛着を持てなかったからかもしれません。

　人間の心は複雑で、特に親子関係というのは、成長過程において性格の形成に影響し、あとあとの子どもの人生にまで影響

します。親が、どのような心持ちで子どもに接してきたか、それが相続のときに問われるのです。それは、子どもに対してばかりではなく、他人への態度にも現われます。

「良い心を持って生きる」

　これが、相続のときにもめない秘訣であり、残された人に引き継ぐバトンだと思います。

　これからは、税理士も、お金のことばかりではなく、心のバトンパスについてもアドバイスできるようになるといいなと願っています。

その節税、正解ですか？

　いま、世の中では節税節税と、どうやって税金を節約するかということばかりが取り沙汰されていますが、私の経験上、ちゃんとした人は無理な節税はせずに、きちんと税金を払っているように思います。

　将来の相続税の節税対策として、毎年、子どもや孫たちに、課税されない110万円を贈与しているケースが多くあります。しかし私から見ると、それは大間違いの節税だと思います。

　なぜならば、何もしなくて毎年それだけの金額がもらえると、子どもも孫も、それを当たり前だと思って遊びほうけてしまいます。働いたり、アルバイトしたりしてお金を稼ぐことが、馬鹿馬鹿しく思えてくるのでしょう。

　親の財産を当てにするような人間は、ろくな人間になりません。

　親としては、将来、子どもたちの相続税を減らすためにやっていることでしょうが、それはただ、子どもを駄目にするだけだと私は思っています。

　大きな節税だと思い、教育資金に1500万、結婚・子育て資金に1000万、非課税だからと子どもや孫に与えてしまうことは、**今後の手続き処理が大変**です。

　相続税を払うことをケチる親は、情けないと思います。

　きちんと税金を払うことを子どもに教えることこそが真の教育ですし、本当に子どもを立派な人間に育てたいと思っている人格者などは、必要最低限のお金だけを残し、あとの財産は寄付してしまわれる方が多いです。

　本当の意味での節税は、知識がなかったために無駄に払ってしまいがちな税金のことなどを、事前に知ることだと思います。

　例えば、亡くなった人が住んでいた家が空き家になったら、3年以内に売却すれば、3000万円の控除を受けられます。もしも家をリフォーム途中で亡くなった場合は、その家の面積が前と変わっていなければ、リフォーム代が2000万円かかったとしても財産評価は2000万円ではなく、古い家のときの固定資産税分で済みますが、それを知らなければ2000万円と申告してしまい、相続税が上がります。

　さらに言えば贈与税の場合でも、結婚20年経ったら、配偶者への住宅の贈与、または住宅取得等資金贈与は2000万円ま

で税金がかからないなど、特例はたくさんあるのです。

　そのようなことを皆さんに教えるのが、税理士の役目ですが、皆さん、実際に必要になったときにしか税理士を訪ねませんから、これからは、**一般の方へ向け「租税教室」を開いていくのが、私たち税理士の務めなのではないかと思っています。**

遺言書のススメ

　フランスでは、遺言書を書く人は、国民の90％もいるそうですが、日本では12％ほどです。遺言書があれば、相続の際に、無用なトラブルを避けることができます。

　私は、遺言書を書くことが、日本でも当たり前になるといいなと思っています。遺言書があれば、法定相続人である配偶者や子どもたちに対してだけではなく、他人にも財産を残すことができます。

　先にも述べましたように、いまは多様性の時代。子どもがいない、離婚をしたなど、財産を残す相手が身内だけとは限りません。

　どこかへ寄付したい場合にも、遺言を残しておくことは有効です。

　ただ、自分でも自宅で書ける遺言書ですが、いくつかの要件を満たしていないと効力がなくなる場合もありますし、死後に見つけてもらえなかったり、勝手に書き換えられるなどのリス

クもあるため、2020年から、法務局で遺言書を預かってもらえる「自筆証書遺言書保管制度」が始まりました。

　民法968条に、「自筆遺言をする場合には、遺言者が遺言書の全文、日付及び氏名を自書し、これに印を押さなければならない」とあります。

　遺言書に添付する財産目録については、いまはパソコンで書いたものに署名押印をするだけでいいのですが、敷居が高いと思われる方もいらっしゃる方もいるかもしれません。

　そのような場合は、弁護士や行政書士などの専門家へ相談されるのがいいかもしれません。

　また、公正証書で遺言を作成する方法もあり、専門の知識を持った公証人が一緒に作成してくれますから、不備で無効になることはまずありません。原本が公証役場に保管されますので、手許に置いていた遺言書がなくなったり書き換えられたとしても安心です。

　遺言書を開封するときには、家庭裁判所に申し立てをして、「検認」をしてもらう必要があります。勝手に開けてしまうと、罰金が課せられる場合もあります。

　前述の法務局での「自筆証書遺言書保管制度」を使った場合は、検認の必要はありません。

（さらなる詳細は、第2部Q12をご参照ください）

エンディングノートのススメ

　しかし日本には、遺言書を書くという文化がまだまだ根づいていませんから、いきなり遺言書を書くのは難しいという方には、ぜひ、エンディングノートを書いてほしいと思います。

　いま、書店などへ行くと、様々な種類のエンディングノートが売られています。エンディングノートには、遺言書のように書き方に決まりがあるわけではありません。好きなノートに、好きなことを書いていいのです。

　エンディングノートは、別名「終活ノート」とも呼ばれていますので、自分が死んだあとに、残された人が困らないようなことを書いておくのが基本となります（ただし、エンディングノートには、法的効力はありませんので、ご注意ください）。

　それでは、どのようなことを書いておけばいいのか、以下に簡単にご説明します。

　まずは、ご自分の基本情報である、氏名、現住所、本籍、生年月日など、正確な情報を記します。これは、亡くなったあとの様々な手続きのときに、混乱しているであろう残されたご家族の方たちの役に立ちます。

　それから、ご自身の大切な思い出などを、箇条書きでもいいので書き出していくと、これまでご自身が生きてきた道筋が見えてきて、ご自身の人生を振り返ることができ、何を残したい

かなどがはっきりしてくるかもしれません。

　そして、好きな花や好きな食べ物や好きな音楽などのことを書いておくと、もしかするとご自身の葬儀のときに、ご遺族の参考になるかもしれません。

　どのようなお葬式にしてほしいか、どの写真を遺影に使ってほしいのか、訃報を伝えてほしい友人の連絡先リスト、お墓はどうするかなども書いておいてください。

　また、入院したり、判断能力が衰えた場合などの対処方法を書いておくことも必要です。病気になったとき、病名や余命を告知してほしいか、延命治療はどうするか、終末医療を受ける際に、自宅がいいのか、病院がいいのか、ホスピスがいいのか、臓器提供や検体の希望についても明記しておく方がいいと思います。

　介護が必要になったとき、誰に介護してもらいたいか、自宅か病院か施設か、さらには介護費用をどうするかなども書かれていた方がいいと思います。認知症など判断能力が衰えた場合に、誰に財産管理をしてほしいかなども書いておくといいと思います。

　それから、遺言書の有無、保管場所、財産や資産についても明記します。

　預貯金、不動産、生命保険、公的年金、個人年金、有価証券、そして借入金、ローン（借金も財産なのです）など、残された人が困らないよう、まとめておいてください。ただし、キャッシュカードの番号は書かないでください。もしノートが

第三者の手に渡った場合に危険です。

　1人暮らしでペットを飼っている人は、ご自身が亡くなったあとに飼ってくれる人のために、ペットの名前、年齢、ペットが普段食べているものやお気に入りのオモチャなどを書いておくといいと思います。

　だいたい、以上のようなことを書いておかれるといいと思いますが、そのほかに、家族や親族、友人やお世話になった方へのメッセージも書かれてみると、日ごろは口にできない感謝の気持ちなどが溢れ出してくると思います。

　エンディングノート（終活ノート）を書くという作業は、残される人のためのようでありながら、実はご自身の人生を振り返る作業でもありますので、ご家族や友人に伝えたいこと、ご自身の人生で大切にしていたこと、そしてどんなバトンを引き継いでほしいのか、そんなことが明確に見えてくるかもしれません。

（さらなる詳細は、第2部Q39をご参照ください）

第 **2** 部

税理士・山田忠美の
相続Q&A

はじめに

　時代とともに、家族の形態が変わり、相続の背景も様変わりしてきました。

　ここからは、私に寄せられた相談事例をもとに、相続に関することについて、Q&A形式でご説明していきたいと思います。

　相続に関する用語は、普段使うような言葉ではないので、前半では、主な用語とその意味について、簡単にご説明します。
　後半は、より具体的な例を出して、相続に関する問題をさらに詳しくご説明していきたいと思います。

　なお、相続は民法が適用されているので、関係する民法の条項も書き記しておきます。

Q1 相続税とは何ですか？

A1 亡くなった人の資産に課せられる 税金です

　亡くなった人を**被相続人**、亡くなった人の財産を受け取る人のことを**相続人**といいます。

　被相続人が生前に残した財産を、相続人が取得するときに、その財産の価格をもとに課せられる税金のことを**相続税**といいます。

Q2　法定相続人とは誰のことですか？

A2　配偶者や子どもたちです

　被相続人の配偶者や子どもたちを**法定相続人**といいます。

　被相続人の配偶者は、常に法定相続人となります（民法890条）。

　被相続人に離婚歴がある場合、現在の家族の子どもだけではなく、前の配偶者の子どもなど、被相続人の直系の子どもも法定相続人に含まれます。

　直系でなくとも、養子縁組を結んでいれば、法律上の親子関係が結ばれますので、法定相続人となります（民法889条）。

　また、相続が開始された日にまだ生まれていない胎児でも、法定相続人となります（民法886条）。

　被相続人に配偶者や子どもがいない場合は、父母や兄弟姉妹が相続人となります。

　（詳細はQ10をご参照ください）

Q3 課税される相続財産とは？

A3 法改正され、死亡日から7年以内の財産です

　被相続人が亡くなった日現在の財産、および債務、3年以内に贈与された財産が相続財産となります。

　生命保険金や、死亡退職金も含まれます。

　ただし、税法改正により、令和6年1月以降の贈与分から「7年以内」になりました。

　被相続人が亡くなった日が、相続開始の日です（民法882条）。

　債務がある場合には、資産額から負債額を引きます。

　課税される財産は、預貯金や有価証券などだけではなく、土地、建物、借家権、貴金属、書画骨董、立木など、亡くなった人が有していた一切の財産です。

　それらの財産をすべて法定相続人が引き継ぎますが、被相続人が生前に有していた国家資格などは引き継げません。

Q4　相続税の基礎控除額は？

A4　3000万円＋
（600万円×法定相続人の数）です

　相続税の基礎控除額は、3000万円＋（600万円×法定相続人の数）です。

　例えば、妻と2人の子どもが法定相続人の場合、

　3000万円＋1800万円（600万円×3人）＝4800万円が基礎控除額となります。

　被相続人の財産が4800万円以下の場合は、相続税の申告の必要はありません。

　それ以上の方は、控除額を引いた残りの財産が、相続税の課税対象となります。

Q5　法定相続分とは？

A5　配偶者は常に相続人となります

　民法900条により、主に以下のように決まっています。

- 配偶者、および子どもが相続人の場合……配偶者が2分の1、その残りを子どもたちの人数で等分します。
- 配偶者がなく、子どものみが相続人の場合……子どもたちの人数で等分します。
- 子どもがなく、配偶者と、被相続人の父母などが相続人の場合……配偶者が3分の2、その残りを父母などが相続します。
- 被相続人が独身で、父母が相続人の場合……すべてを父母が相続します。

　なお、遺言書がある場合は、遺言書に則って分割しますが、遺言書に書かれていない法定相続人がいる場合、その人は遺留分を請求することができます。

　（詳細はQ10をご参照ください）

【相続人の範囲】

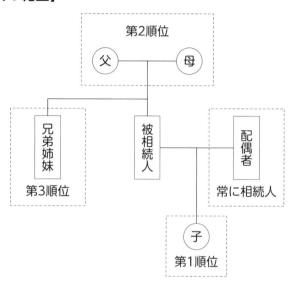

Q6　遺留分とは何ですか？

A6　最低限の遺産取得の権利です

　遺言書があっても、奪うことのできない最低限の遺産取得の権利です。

　配偶者、子ども、孫、父母、祖父など、一定の範囲内の法定相続人であれば、遺言などによって多額の相続を受ける他の相続人に対して、最低保証枠の遺留分を請求することができます。

Q7 相続税の申告期限はありますか？

A7 相続開始日から10ヶ月以内です

　相続開始の日（亡くなった日）から10ヶ月以内です。

　被相続人の現住所の所轄税務署へ申告し、納付します。

　申告書には、原則として、相続人全員が1つの申告書で連名して申告します。

　ちなみに、令和3年度の税制改正により、それまでは全員の押印の義務がありましたが、相続人が遠方に住んでいる、または押印を拒否するなどの場合、時間がかかることがあるため、改正後は押印義務が廃止されました。

　ただし、押印が必要な書類もあります。

　また、マイナンバーなどの普及により、これまでは1つの申告書に連名していたものが、そうではなくても可能な場合もあります。

Q8 相続の放棄はできますか？

A8 義務ではないので、できます

　相続は、権利であって義務ではないので、放棄はできます。

　相続の放棄をするには、相続人になった日から3ヶ月以内に、弁護士または司法書士を通して、家庭裁判所へ放棄の申し立てをしなければなりません。

　相続するかどうかは相続人の自由意志で決められますが、放棄の手続きをしていないと、承認する（引き継ぐ）ものとみなされます。

　借金も財産ですので、借金を引き継ぐような場合には、相続放棄をする方が多いです。

　相続放棄は、家庭裁判所へ申し立てなければ効力はありません（民法938条）。

第 **2** 部　税理士・山田忠美の相続Q&A

Q9　相続の手続きを教えてください

A9　まずは相続人の確認から始めます

　手続きを、順番に説明します。

①財産を引き継ぐ相続人の確認。
②遺言書の有無を確認
　※遺言書があった場合、家庭裁判所で検認を受ける必要があ
　　るため、開封しないように注意。
③財産を確認。
④相続するか、放棄するかの確認
　※放棄の期限は３ヶ月！
⑤遺産分割書の作成
　※相続する場合、相続人がどのように財産を分けるかを決め
　　る。
⑥相続税の申告・納税
　※期限は１０ヶ月以内！
⑦相続財産の名義変更・処分
　※相続登記、あるいは銀行の預金名義書き替えなど。

　相続には、「指定分割」と「協議分割」があります。
　指定分割とは、被相続人が遺言書で分割方法を記していた場
合のこと、協議分割とは、相続人が分割方法を話し合って決め

ることをいいます。

　遺言書のある指定分割の場合、すべての相続人に異議がなければ、遺言書の記載に従い、相続税申告書を作成します。

　遺言書のない協議分割の場合、原則的に法定相続分に沿って決めていきますが、必ずしもそれに従わなければならないわけではなく、話し合って遺産協議分割書を作成し、申告書を作成します。

　どちらもその後、税務署へ申告して納税、財産取得手続きという流れになります。

　その際に、各相続人の戸籍謄本、印鑑証明書が必要となります。

　以下に、相続税を申告するときに準備していただくものを挙げておきます（この他にも、必要に応じて準備していただくものもあります）。

【被相続人分】

- 戸籍謄本（除籍謄本）——— 1通
- 改製原戸籍（除籍謄本）——— 1通
- 戸籍（除籍）の附表 ——— 1通
  ※被相続人の出生時から死亡時までの一連の戸籍の確認

【相続人全員分】

- 戸籍謄本 ——— 各1通

- 印鑑証明 ─── 各2通
- 住民票 ─── 各1通（不動産を取得する人のみ）
  ※マイナンバーの記載のないもの

　住民票、戸籍（除籍）の附表以外の書類については、相続税の申告及び不動産の相続登記に必要な最低部数を記載しています、戸籍謄本などは他の相続手続きでも必要になりますので、余分に準備してください。
　※「謄本」は、最近は「全部事項証明書」という名称になっています。

【財産評価に関する書類】
●不動産
- 固定資産課税台帳兼名寄帳 ─── 1通
- （貸地・貸家の）賃貸借契約書 ─── 1通

●預貯金
- 残高証明書（口座番号別・未収利息も）─── 1通
  ※相続日現在の証明が必要
- 普通預金通帳・定期預金通帳 ─── 相続日直近3年間（できれば5年間）分
- 家族名義の普通・定期預金通帳 ─── 相続日直近3年間（できれば5年間）分
  ※被相続人が管理運営していたもの

●有価証券
- （上場株式など）残高証明書、取引残高報告書、顧客勘定元帳直近5年間分 ―――― 各1通
- 信金・農協の出資金に関わる残高証明書 ―――― 1通
- （同族株式）決算書 ―――― 2期分

●保険関係
- 生命保険金の支払い調書・保険証書 ―――― 各1通
- 解約返戻金がある損害保険契約（JA共済建更等）の解約返戻金相当額証明書 ―――― 1通

●その他
- 被相続人の確定申告書・決算書 ―――― 3年分

●債務・葬儀
- 請求書・領収書等（税金・入院費用等）
  ※相続日後に支払ったものが対象

　相続人全員について、番号確認書類と身元確認書類が必要となります。

●番号確認書類
- マイナンバーカードの写し（裏面）
- 通知カードの写し

● 住民票の写し（マイナンバーの記載があるもの）のいずれか。

●身元確認書類
● マイナンバーカードの写し（表面）
● 運転免許証
● 公的医療保険の被保険者証の写しなどのいずれか。

　相続問題が発生したら、まずは、相続人の間で、代表者を決めるのがよいと思います。

　しかし、これらの作業はとても大変ですので、ある程度財産があり、相続の申告が見込まれる場合には、最初の段階から税理士に依頼する方がスムーズに解決します。

　税理士に依頼するときは、相続関係を得意としている方を選ばれると確実です。

　遺産分割が難しい場合は、弁護士へ依頼してください。

　それ以外のものは、司法書士へ依頼してください。

Q10　母と子ども３人の相続分は？

父（80歳）が亡くなりました。
相続人は、母と子ども３人（長男、長女、次男）です。
この場合の相続分について教えてください。
なお、父は相続に関して指示は何もしていません。

A10　母親が２分の１、子ども３人が
　　　　　６分の１ずつです。

　この場合、遺言書などでの指示がないということですので、母親と３人の子ども、合わせて４人が法定相続人となります。
　それぞれの法定相続分は、母親が財産の２分の１、残りの２分の１を、子ども３人で等分することになります（子どもは６分の１ずつとなります）。

　相続が始まると、被相続人の財産は相続人に承継されるのですが、相続人が数人いる場合、まず財産は共有となります（民法898）。
　この数人の相続人を「共同相続人」といい、その相続財産上に関する権利義務承継の割合を「相続分」といいます。
　共有状態にある相続財産（未分割の遺産）は、やがて相続人の間で民法の規定に沿って分割（遺産分割）され、その分割に基づいて、各相続人に帰属します。

相続分を指定する方法は、日本ではまだ十分に普及しており
ず、通常、「相続分」というときは法定相続分を指します。

　前に簡単に述べましたが、法定相続分について、もう少し詳
しく説明します（以下の「直系尊属」とは、父母、祖母など、
前の世代の直通する系統の親族のことです）。

①相続人が「配偶者」「子ども」の場合
　……それぞれ２分の１

②相続人が「配偶者」「直系尊属（父母や祖父母など）」の場合
　……配偶者３分の２、直系尊属３分の１

③相続人が「配偶者」「兄弟姉妹」の場合
　……配偶者は４分の３、兄弟姉妹は４分の１

④子どもや直系尊属、兄弟姉妹が２人以上いる場合
　……各自の相続分は均等。ただし、父母の一方のみが同じで
　　　ある兄弟姉妹の相続分は、父母の双方が同じである兄弟
　　　姉妹の相続分の２分の１。

⑤相続人となる子ども、また兄弟姉妹が、相続開始以前に死亡
　している場合
　……死亡している人に代わり、代襲相続人が相続。死亡して
　　　いるのが子どもの場合、孫が、兄弟姉妹が死亡している

場合は、兄弟姉妹の子どもが代襲相続人となります。

代襲相続人の相続分は、死亡した相続人が受けるべきで

あった相続分と同じ相続分となります。

代襲相続人が２人以上いる場合には、各自の相続分は均

等となります。

Q11　父親死亡後に生まれた子は相続人？

夫が死亡したとき、私は妊娠4ヶ月でした。

子どもはその後、無事に産まれました。

この場合、子どもは相続人となるのでしょうか。

A11　法定相続人になります。

　民法886条により、相続が始まったとき（死亡日）、すでに胎児になっていれば、その胎児は、相続については生まれる前であったとしても、生まれているものとして取り扱われます。

　しかし、この胎児が死産であれば、いなかったものとして取り扱われます。

Q12 素行の悪い子どもに 相続させない方法は？

　私の知り合いの奥さんはご主人を亡くしているのですが、その長男は日ごろから素行が悪く、彼女を虐待したり侮辱したりしています。

　知人はかなりの資産家で、将来、長男が遺産を相続することを心配しています。

　素行の悪い子どもに相続させない方法はありますか？

A12 相続権を取り上げることができます。

　子どもに相続させない方法はあります。

　将来、優先的に相続人となる者（推定相続人）が、生前の被相続人に対して暴力をふるったり、虐待したり、侮辱するなど、相続人としてふさわしくない行い、著しい非行があったとき、被相続人は、家庭裁判所へ相続人の廃除を申請することができますので、相続権を取り上げることができるのです（民法892条）。

　お知り合いの方へ、家庭裁判所へ申請することをお勧めください。

　また、民法891条では、被相続人や、自分より先の順位で相続人となるはずの者、あるいは自分と一緒に相続人となるはず

の者に対し、殺人または殺人未遂をはたらいたかどで刑罰を受けた者は、相続権を失うと決められています。

　詐欺や脅迫によって、遺言書を撤回させたり変更させたりした場合、勝手に偽造、変造、廃棄、隠匿した場合も同様です。

　その他、遺言で、推定相続人を廃除することもできます（民法893条）。

　その場合は、遺言執行者が、被相続人の死後すぐに、家庭裁判所へ廃除の請求をしなければなりません。

　ちなみに、遺言執行者とは、遺言内容を確実に実行するために必要な手続きを行う立場の人です。

　未成年者と破産者以外はなる資格があり、遺言書で指定する、遺言書で指定された第三者に選んでもらう、家庭裁判所で選定してもらう、などの方法があります。

　すべての遺言に遺言執行者が必要なわけではありませんが、「推定相続人の廃除」「廃除の取り消し」「認知」などが遺言の項目にあれば、遺言執行者が必要になります。

Q13　相続する遺産の範囲は？

　父が亡くなりました。

　母親や、私たち子ども３人が相続する遺産の範囲について教えてください。

　課税される財産、継承される財産とはどのようなものでしょうか。

A13　お父さまが生前に所有していた財産すべてです

　被相続人が亡くなり、相続が開始すると、相続人は被相続人の財産に関する一切の権利及び義務を承継することになります。

　相続税法上、課税対象となる財産は「積極財産」だけを意味します。

「積極財産」とは、資産のようなプラス財産のこと。

「消極財産」とは、借金や債務などマイナス財産のこと。

　ここでいう「財産」とは、金銭に見積もることができる経済的価値のあるすべてのもののことです。

　相続税の課税対象となる財産とは、具体的にいうと、被相続人が相続開始のときに有していた土地、建物、借家権、借地権、有価証券、預貯金、現金、貴金属、書画骨董、立木等の一切の財産をいいます。

また、少し難しいかもしれませんが、物権、債権、無体財産権だけではなく、信託受益権、電話加入権等も含まれます。

　法律上の根拠を有しないものであっても、経済的価値のあるもの、例えば、営業権のようなものも含まれます。

　それから、質権、抵当権、または地役権（区分地上権に準ずる地役権を除きます）のような従たる権利は、主たる権利の価値を担保し、または増加させるものであって、独立して財産を構成しないものであり、この財産から除かれること、などに注意する必要があります（相続基本通達11の2-1）。

　なお、被相続人の一身に専属したものは、継承されません。

　一身に専属したものとは、例えば税理士資格とか、弁護士資格などの国家資格、組合における組合員の地位など、本人のみに与えられていた権利や資格のことです。

Q14　お墓にも相続税はかかるの？

先祖代々のお墓を守っていた父が亡くなりました。

私がそのお墓を引き継ぐ予定ですが、お墓にも相続税がかかるのでしょうか。

A14　お墓の継承には、相続税はかかりません。

お墓の継承には、相続税はかかりません。

お墓というものは、所有権ではなく、使用権だからです。

民法897条において、「系譜、祭具及び墳墓などの所有権は、相続の対象とならず、慣習に従って祖先の祭祀を主宰すべき者がこれを承継する」とあります。

お墓を守っておられたお父さまが、次の継承者を指定していたときには、その指定に従ってお墓を継承してください。

被相続人の指定もなく、慣習も明らかでないときは、遺族の間で合意が得られないときは、家庭裁判所が決定することになります。

Q15　遺産分割協議書とは何ですか？

遺産分割協議書というのは何ですか？

相続税の申告に必要だと聞きました。

相続人は、母と私たち子ども3人ですが、長女の私は母の近くに住んでいますが、姉や弟は、遠方に住んでいます。

A15　誰が、何を、相続するか、合意のもとにまとめた書類のことです。

相続税を申告するときには、故人の遺産について、相続人全員で話し合い、どのように分割し、相続するかを合意して、その内容をまとめた遺産分割協議書を提出しなければなりません。

分割協議書を作成するにあたってやらなければいけないことは、次の通りです。

①主たる相続人が、他の相続人に相続財産の説明をし、各相続人の希望を十分に聞き、まとめます。

②遺産分割協議書には、財産の受け取り状況を記載しなければいけないので、それを明記したあと、相続人全員が自署押印をします。押印の印鑑は実印です。

③各相続人の戸籍謄本、印鑑証明書を提出します。

　遠方に住んでいる相続人がいる場合、なるべく早めに税理士に依頼するほうがいいと思います。相続税申告の期限は、相続開始日から10ヶ月以内です。

　なお、相続人全員の自署押印が必要となりますので、1人でも押印をしない相続人がいると、遺産分割協議書は成立しません。

　不成立の場合には、家庭裁判所へ調停または審判を申し立てます（民法970条）。

　それから、相続開始を知ってから3ヶ月を過ぎると、借金があった場合でも相続放棄ができなくなります。

　ちなみに、私の経験から申し上げますと、相続人の方々に前もって2週間程度で戸籍謄本、印鑑証明書を提出してもらいたい旨を連絡するのですが、期限内に送ってこない相続人は、ほぼ100％、遺産分割協議書に印鑑を押しません。

　要は不成立となるのです。

　相続人それぞれに、ご家族への複雑な思いがあると思いますので、慎重に、かつ迅速に行われた方がいいと思います。

Q16 父と子が同じ事故で死亡した場合の相続分は？

　父親と子どもが同乗する自動車の事故で２人とも死亡した場合、相続分はどうなるのでしょうか。

A16 どちらが先に亡くなったかで変わります。

　民法32条の２に、同時死亡の推定というのがあります。
　「数人の者が死亡した場合において、そのうちの１人が、他の者の死亡後になお生存していたことが明らかでないときは、これらの者は同時に死亡したものと推定する」ので、同時死亡の推定が適用される場合には、父親と子どもの間では互いに相続は生じません。
　このことを具体例で示すと、同時死亡の推定が適用される場合と、適用されない場合（亡くなった順番がわかる場合）とでは、相続人が次のように異なってきます。

① 同時死亡の推定が適用された場合

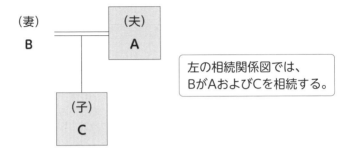

左の相続関係図では、
BがAおよびCを相続する。

② 同時死亡の推定が適用されない場合

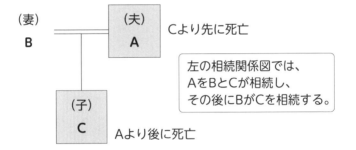

左の相続関係図では、
AをBとCが相続し、
その後にBがCを相続する。

【同時死亡の推定と代襲相続】

　父親Ａとその子Ｃとが死亡し、同時死亡の推定が適用された場合に、Ｃに子どもＤがあり、ＤがＡの直系卑属であれば、ＤはＣを代襲してＡを相続することができる。

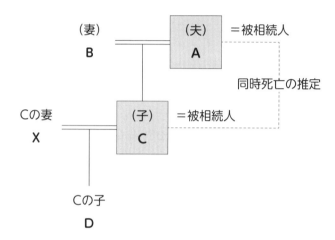

※ＡとＣに同時死亡の推定規定が適用された場合に、Ｃに子どもＤがあり、ＤがＡの直系卑属であるときは、ＤがＣ（Ｄの親）を代襲してＡの相続人となる（民法887条）。
※本図では、Ａの相続人はＢとＤであり、Ｃの相続人はＸとＤである。

Q17 死亡した弟の借入金を
返せない場合は？

今年の春、弟が亡くなりました。

弟の財産は、土地建物1000万円と預金100万円、借入金5000万円です。

相続人は母と私の2人ですが、母も私も、弟の借入金を返済する能力はありません。

どのように対処したらよろしいでしょうか。

A17 相続放棄の手続きをしてください。

民法915条に、自分が相続人になった日から3ヶ月以内に、相続について単純承認または限定承認あるいは相続の放棄をしなければならないとあります。

期限を過ぎると放棄できませんので、弁護士か司法書士を通じて、家庭裁判所へ相続放棄の申し立てをしてください（民法938条）。

なお、弟さんの相続人は、お母さん1人です（民法889条）。

相続は権利であって義務ではありません。相続するかどうかは自由意思です。

財産には、積極財産（資産）と消極財産（負債）とがあります。

また、相続の承認には、単純承認と限定承認があります。

●単純承認（民法920条）
「相続人は無限に被相続人の権利義務を承認する」
　最も普通の相続の仕方です。権利義務をすべて引き受けるか放棄するかは、自由意志で決められます。

●限定承認（民法922条）
「相続人は、相続される人が負担していた借金などの負債（債務）や、遺言で他人にあげることにしたもの（遺贈）は、遺産の限度内でしか支払わない」
　同条件を告げて相続を支援できる相続人が数名いるときは、全員で共同しなければ限定承認はすることができません。

●相続人の放棄（民法938条）
「相続の放棄は家庭裁判所に申し出なければ効力はない」
　期限は３ヶ月です。

Q18　養子縁組の手続きを教えてください

私には子どもがいないので、相続のことが心配です。

そこで、知人の子と養子縁組をしたいと思っています。

養子縁組の手続きについて教えてください。

A18　「養子縁組届」を、
　　　市区町村に提出します。

民法792条により、20歳に達した者は養子縁組ができることになっています。

役所で「養子縁組届」をもらい、必要事項を記入して提出すれば、受理された日から「養親―養子」の関係が成立し、養子は相続人になることができます。

また、独身でも養子を取ることができます。

※参考

● 「養子縁組届」を提出し、それが受領された日から、養子は、養親の嫡出子として取り扱われます（民法809条）。

● 養子と養親は、相互に相続権を有します（民法887条、889条）。

Q19　家族・親族がいない場合の相続は？

　私は76歳で、1人暮らしです。

　夫は10年前に死亡しました。子どもや孫、兄弟姉妹、甥や姪もおりません。

　自宅、貸付地（宅地3か所、その他田畑）、山林、預金が3000万円相当の財産があります。

　相続をどうしたらいいか、アドバイスをお願いします。

A19　養子縁組をするか、遺言で相続人を指定するかです。

　財産を寄付したいという考えがあれば、その旨を遺言に書いておくといいと思います。

　養子縁組をするのであれば、遺言を書かれる場合は、生前に弁護士などへご相談のうえ、手続きを進めた方がいいと思います。

※補足
「遺言についての一般的な事柄」
- 遺言は民法で定められている方式に従わなければ無効となります（民法960条）。
- 満15歳になっている者は、誰でも干渉されることなく遺言をすることができます。未成年者、成年被後見人等も遺言は

できます（民法962条）。

「特別縁故者への遺産の分与（民法958条の3）」

● 相続人が一人もいない場合、家庭裁判所が相当と認めるとき、被相続人と特別な縁故関係にあった人、すなわち生活を共にしていた人や、被相続人の療養看護に努めた人などの請求により、遺産を清算した残りの財産の全部、または一部を、これらの人に分与することができます。

● この請求は、民法958条の公告期間の終了後3ヶ月以内にしなければ無効となりますので、これらにつきましては、家庭裁判所へ関係者が申し立てをしなければなりません。

Q20 事実婚でも相続人になれますか？

私は事実婚を選択しています。

夫と30年暮らしてきましたが、籍は入っていません。

私は夫の相続人になれないのでしょうか。

A20 残念ながら、法定相続人としては認められません。

いまの日本の法律では、籍が入っていないと、相続人として認められません。

遺言を用意しておく、養女として籍に入るなど、より良い対策を考えておかれてください。

これは、同性婚の場合も同じです。

Q21 遺言の書き方を教えてください

遺言を書きたいと思っていますが、書き方がわかりません。
書き方の方式などがありましたら、教えてください。

A21 遺言には、いくつかの方式の種類があります。

遺言の方式には、「普通の方式」と「特別の方式」があります。

「普通の方式」には、「自筆証書遺言」「公正証書遺言」「秘密証書遺言」という3つの方式があります（民法967条）。

また、一般的ではありませんが、「特別方式遺言」という方式もあります。

遺言はその性質上、方式が厳密に定められており、それに従って作成されていないとせっかく書いても無効になることがあります。

以下、詳しくご説明したいと思います。

●自筆証書遺言（民法968条）

自筆証書というのは、遺言をしようとする人が、自分の手で書いた遺言のことです。

遺言の全文と、日付、自分の氏名を自筆で書いて、これに印鑑を押したものでなければなりません。

この証書の中の字を書き加えたり、削ったり、その他変更をしたいときは、必ず、「第何行目の第何字を何字削り、何字加える」など、変更した場所を指示し、変更したことを付記した上、その付記した後に署名し、かつ変更した場所に印を押しておかなければ、変更したことになりません。

ただし、民法改正により、この遺言の場合、財産、明細については、パソコンで記載してもよいということになりました。

●公正証書遺言（民法969条）

公証役場へ行き、公証人に、こういう遺言をしたいという希望を伝えると、公証人がそれに従って書面を作成してくれます。

この方式で作成したものを公正証書遺言といいますが、手順としては、次の通りです。

- 2人以上の資格のある証人を立ち会わせる。
- 遺言をしようとする人自身が、遺言の趣旨を公証人に口頭で述べる。
- 公証人が遺言者の趣旨を筆記し、これを遺言者と証人とに口頭で読み聞かせるか、筆記したものを閲覧してもらう。

私もよく証人として立ち会っていますが、この方法で遺言を作成するのが一番確実で、費用も安く済みます。

●秘密証書遺言（民法970条）

　内容は自分で作成し、遺言に封をして、公証役場へ持って行き、遺言の存在を証明してもらう方法です。

　自分で書いて封をしますので、内容は誰にも知られることはありません。

　手順としては、以下の通りです。

- 遺言の証書を作る（自筆でも代筆でもパソコンでの作成でもよい）。
- 自分自身が署名し、印鑑を押す。
- 押印した証書を封筒に入れて封をする。
- 証書に押した印鑑と同じ印鑑で封筒に押印する。
- この封書を公証人に差し出し、自分自身の遺言書であることや、書いた人の住所や氏名を伝える。
- この際、資格のある証人２人以上の立ち会いを必要とする。

●特別方式遺言（民法976〜979条）

　突然死期が迫ったときに、上記の３つの遺言を残せなかった人が利用できる特殊な遺言です。

　特別方式遺言には、「危急時遺言」と「遠隔地遺言」があります。

　上記の３つの遺言と違い、特別方式遺言には６ヶ月の有効期限があります。

　６ヶ月後も存命した場合には、遺言は無効となります。

「危急時遺言」

● 一般危急時遺言

突然の病気や怪我などにより死期が迫っている場合の遺言です。

利害関係のない証人が3人必要で、本人が書けない場合は、証人となる人の中から1名に口頭で伝えて書いてもらうこともできます。

20日以内に、遺言をした人の住所の管轄の家庭裁判所で確認の手続きを行う必要があります。

● 難船危急時遺言

船や飛行機に乗っていて、事故や遭難などに見舞われたときの遺言です。

一般危急時より緊急性が高いため、証人は2人です。

代筆、口頭伝授でも大丈夫です。

家庭裁判所での確認作業も、危機が去ってからでいいので、期限はありません。

「隔離地遺言」

● 一般隔離地遺言

伝染病などで隔離されている人、刑務所に服役中の人、災害などで被災した人が、自分で書く遺言です。

警察官1人と証人1人の立ち会いが必要となります。

● 船舶隔離地遺言

船に長期間乗り込んでいる人など、陸地から離れた場所で仕事をしている人のための遺言です。

船長、もしくは事務員１人と、証人２人の立ち会いが必要となります。

Q22 改正された民法を 簡単に説明してください

　平成30年7月の民法改正について、簡単に説明していただけますでしょうか。

A22 相続に関する民法改正の主な内容は 次の通りです。

項目	概要	施行日
1 配偶者の 居住権の保護	①被相続人の建物に居住していた配偶者は、遺産分割が終わるまで、無償でその建物に居住できる ②配偶者は、その居住建物を終身または一定期間使用できる	2020年 （令和2年） 4月1日
2 遺産分割等に 関する見直し	①婚姻期間20年以上の配偶者へ居住用の財産等の贈与があった場合、相続財産に加えない ②相続された預貯金について、遺産分割前にも一部払戻しが受けられる	2019年 （令和元年） 7月1日
3 遺言制度に 関する見直し	①自筆証書遺言に、（自筆でなく）パソコンなどで作成した財産目録等を添付できる ②自筆証書遺言の保管制度（各地法務局）	①2019年 （平成31年） 1月13日 ②2020年 （令和2年） 7月10日

4 相続人以外の者の貢献を考慮	相続人以外の被相続人の親族（子の配偶者など）が、被相続人の療養看護等を行った場合には、一定の要件のもとで、相続人に対して金銭請求をすることができる	2019年 （令和元年） 7月1日
5 遺留分制度の見直し	遺留分を侵害された者（遺留分権利者）は、受遺者または受贈者に侵害額に相当する金銭の支払いを請求することができる	2019年 （令和元年） 7月1日

（法務省ホームページより）

●改正された主な事柄

「配偶者の居住権の保護」

　配偶者の短期居住権

　配偶者居住権

「遺産分割等に関する見直し」

　相続された預貯金について、遺産分割前に一部の払い戻しが受けられる（各共同相続人は、家庭裁判所の判断を経ないで預貯金の払い戻しが認められる）。

　相続開始時の預貯金合計×3分の1×相続人の法定相続分

　※ただし、金融機関ごとに150万円限度確保（法務省令）。

「相続税税法改正」

　令和6年1月1日以降の贈与について、相続財産に加算される期間が7年に延長されました。

Q23　子ども・孫名義の預金も申告が必要？

　亡父の49日法要時に、自宅の金庫内を確認したところ、子ども、孫名義で約4000万円の定期預金証書がありました。

　亡父の財産としては、不動産2000万円、預金等1000万円です。

　子ども、孫名義の預金の大半は、6〜7年前に発生しています。

　亡父が、生前に相続税がかからないように自分の預金を引き出して作ったものです。

　これは、相続税の申告が必要になりますか。

　ちなみに相続人は、母と子ども3人です。

A23　相続税の申告は必要です。

　配偶者や子ども、孫名義になってはいても、実質的には被相続人に帰属する預金のことを「家族名義預金」といいます。

　子ども、孫名義の預金は、家族名義預金として相続財産になりますので、相続税の申告が必要となります。

　税務調査での預貯金申告漏れの80%〜90%は、この家族名義預金が占めています。

　家族名義預金が、亡くなった人の財産かどうかの判定は、次の項目をチェックします。

①購入資金の出損者は誰か。

②管理・運用していたのは誰か。

③贈与なのか（名義人が贈与税の申告をしているか）。

④名義人と亡くなった人との関係

今回のご質問のケースにあてはめてみます。

①定期預金の資金出所は亡父。自分の名義の定期預金を解約したもの。

②管理・運用していたのは亡父（書き替え、保管、印鑑、利息の運用）。

③子どもや孫は、49日の法要時に初めて知ったので、贈与ではない。もちろん贈与税の申告はしていない。

④名義人と亡父の関係は子、孫の関係。

以上のことから検討しますと、家族名義預金となります。

ご質問者の財産は、

不動産2000万円　＋　預貯金等1000万円

＋　家族名義預金4000万円　＝　7000万円

となります。

相続人が4人ですので、基礎控除額は、

3000万円　＋　2400万円（　600万円　×　4　）

＝　5400万円

となり、財産から基礎控除額を引くと、

7000万円　－　5400万円　＝　1600万円

1600万円が、相続税の課税価格対象となりますので、相続

税の申告が必要です。

※参考

　家族名義預金が、6〜7年前より発生しているということで、贈与税の時効の5年を過ぎているので、申告の必要はないのではないかと思われる方もいると思いますが、この場合、亡くなったあとに知ったので、贈与税は成立せず、亡父の財産となります（民法549条）。贈与とは、自分の財産を無償であげますよと言い、相手方がもらいますよと言って合意ができたときに成立する契約です（民法549条）。

Q24 農地の納税猶予の特例を 受けられますか？

私は78歳で農業を営んでいます。

納税猶予の特例についてお尋ねします。

田畑等は市の中心部にあり、相続税相当額は約5000万円です。

相続人は、同居している長男と長女、次女、三女の4人ですが、相続人たちは、農業はできません。

同居している長男の嫁が手伝ってくれています。

納税猶予の特例は受けられますか。

A24 長男のお嫁さんと養子縁組することで 受けられます。

納税猶予の特例というのは、農業を営んでいた人から農地を相続した人が、農地にかかる相続税を納めることで農地運営が困難になり、農地を売ってしまうのを防止するために、税金の支払いを先延ばしにできる制度です。

これは、「農家の後継者」を守るための特例です。

このご家族の場合ですと、子どもさんたちは農業を営んでいないため、そのままでは猶予の特例が受けられませんが、農業を手伝っている長男のお嫁さんと養子縁組をすることで、長男のお嫁さんも相続人となりますので、お嫁さんがこのまま農業

を営まれるのであれば、納税猶予の適用ができます。

①特例のあらまし

　農業を営んでいた被相続人、または特定貸付け等を行っていた被相続人から、一定の相続人が一定の農地等を相続や遺贈によって取得し、その人が農業を営む場合、または特定貸付け等を行う場合には、一定の要件の下において、その取得した農地等の価額のうち、農業投資価格による価額を超える部分に対応する相続税額は、その納税が猶予されます。

　（※農業投資価格は、国税庁ホームページで確認することができます）

②納税猶予の条件

- 特例を受けるための被相続人の要件……死亡の日まで農業を営んでいた人。
- 農業相続人の要件……相続税の申告期限までに農業経営を開始し、その後も引き続き農業経営を行うと認められる相続人。

③納税猶予期間

　納税猶予期間には、細かい条件はありますが、基本的に、「相続人が死亡するまで」「相続人が、20年以上農業を続けた場合」となっており、途中で農業をやめたり、他人に譲渡した場合には、猶予されていた相続税を一括で払わなければなりま

せん。

④納税猶予期間中の手続き

　この特例の適用を受けている農業相続人は、農地等納税猶予税額の全部について免除されるまで、または納税の猶予を打ち切られるまでの間、相続税の申告期限から３年ごとに、引き続き、この特例の適用を受ける旨、および特例農地等に係る農業経営に関する事項を記載した届出書（継続届出書）を提出しなければなりません。

　なお、納税猶予物件地は、農業委員会から３年おきに現地で確認があります。

※先日、納税猶予を受けた奥さんと話をしましたところ、「あと半年で20年になります。納税が免除されます。20年間というのは長いようで短いようで大変なこともありましたが、病気もせず、健康でやることができて、本当に幸せです」と仰っていました。同じく農業に従事している私にとりましても、大変嬉しい言葉でした。

Q26 連絡の取れない相続人がいる場合の対処は？

相続人の中に、5年前から連絡の取れない三男がいます。どう対処したらよいか教えてください。

A26 特別代理人を立ててください。

特別代理人とは、家庭裁判所へ申し立てをし、不在者財産管理人として選任された人のことです。

行政書士や弁護士、身内の中からですと、叔父や叔母などが選任されます。

民法25条により、行方不明、かつ容易に帰る見込みのない者（不在者）が財産管理人を置いていない場合、財産管理人を選任することができるとあります。

そのような手続きをしない場合には、不在者の失踪届を出しても、失踪宣告されるまで7年間かかりますので、その間、財産分与がなされないということになりますが、財産管理人がいれば、不在者の代わりに印鑑を押すことができます。

当面、不在者の分を他の相続人が相続をしておき、帰ってくるのを待つという方法もありますが、待てないという場合は、家庭裁判所へ相談してください。

Q27　山林などの土地を生前に確認しておいたほうがいい？

私には、山林など、財産となる土地があります。
生前に確認しておくことなどがあれば教えてください。

A27　相続人と一緒に、現地確認をしておいてください。

　元気なうちに、自分の土地がどこからどこまでであるかなど、実際に相続人を案内して、山林、土地などを確認をしておいてください。

　その際に、チェックしていただきたいことは、以下の通りです。

①境界を確認（図面と共に、現場をチェック）
②進入路の確認（車が入れるかどうかチェック）
③自用地を、他人が使用していないかどうか調べる。
④登記簿謄本を確認して、抵当権の設定がされていないか調べる。

　実際、長い間見に行っていなかった土地に他人が勝手に小屋を建てている、進入路がなかったため土地としての価値がなかった、などのケースがありますので、元気なうちに、相続人

を連れて、ご自分の土地の確認をされた方がいいと思います。

Q28　死亡時に建築中だった家の評価は？

父が亡くなったとき、実家の家は建築中でした。
建築中の家屋の評価は、どのようになりますか。

A28　評価額は、7割となります。

　相続開始日に、まだ家が完成していなかった場合、その家屋の費用原価の70％に相当する金額を、評価額とします（財産評価基本通達91）。
　例えば、半年前から家を立て始め、そのときに、大工さんに1000万円払っていたとしたら、700万円が評価額となります。

第**2**部・税理士・山田忠美の相続Q&A

Q29 銀行が破綻した場合の預金は どうなりますか?

　私は1つの銀行に3000万円ほど預金しています。

　もしこの銀行が破産した場合、預金はどうなるのでしょうか。

A29 ペイオフという制度があり、 最大1000万円まで保護されます。

　ペイオフというのは、2002年4月に施行された制度で、銀行に預けた預金を守る保険制度の仕組みのことです。

　破産した金融機関へお金を預けていた場合、最大1000万円までの元本と、破綻日までの利息が保護され、超過分に関しては、一部支払われない可能性があるとする制度です。

　3000万円ほどの預金があるとのことですが、なるべく他の金融機関へ、ペイオフ制度で守られる限度内ずつ分けて預けてください。

　そうすれば銀行が破産しても預金は守られます。

Q30　申告時に3〜5年前の通帳が 必要なのはなぜ？

　相続税を申告するときに、預貯金等などについて、なぜ過去3年から5年までの通帳が必要になるのですか。

A30　税務署が、過去3年から5年分の 通帳からお金の流れを見るからです。

　いまある預金の残高とともに、過去数年のお金の動きを見ることで、大まかな資産がわかります。

　お金の流れがおかしいと、税務調査が入ります。

　ですから、大口入出金については、入出金先の確認を行い、振り込み入金がある場合は、相手方の確認などをして、お金の流れを明確にしておくことが必要です。

　お金の流れを明確にし、それをきちんと書くのが税理士の仕事ですから、ある程度の資産がある方は、税理士に頼むほうが正解だと思います。

Q31　書画骨董などの評価額は
　　　　どのように出す？

　我が家には、古い書画骨董など、亡父が収集したものがたくさんあります。

　相続税の申告のとき、財産目録を作らないといけないようですが、それらの評価額は、どのようにして出すのでしょうか。

A31　それぞれの専門家に
　　　　鑑定してもらいます。

　デパートや古物商など、信頼できる専門家に依頼し、評価を受けてください。

　ただ、書画骨董は、思っているよりも期待外れの金額のことが多いです。

　しかし、金塊などは、最近は高値で取り引きされていますので、評価証明書を受けてください。

Q32　申告期限までに間に合わない場合の罰則はある？

　相続人がもめていて、相続税の申告期限までに、遺産分割協議書が作成できそうにありません。

　財産は約8000万円、相続人は3人です。

　なにかペナルティがありますか。

A32　延滞税が発生します。遅れることで、損をすることも多いです。

　相続税の申告、および納付は、相続開始後10ヶ月以内にしなければなりません。

　相続開始から半年くらいすると、税務署から「相続についてのお尋ね」がくることがあり、申告が遅れることで延滞税が発生します。

　協議分割が成立していないときは、いったん民法に規定する法定相続分で分割したと仮定して、未分割のまま申告を行い納税することができますが、未分割の場合、特例を受けられないデメリットがあります。

　未分割の場合に受けられない特例は、小規模宅地等の課税価格の特例、配偶者の税額軽減の特例などです。

　配偶者の税額軽減の特例では、控除額が1億6000万円ありますから、相続人がケンカをしていると、払わなくてもいいも

のまで払わないといけないようになり、損をしてしまうことに
なります。

Q33　申告後に間違いに気づいた場合は？

　相続人全員が、財産の取り分について納得する協議ができ
ず、いったん急いで納税しました。

　そのあと調停をして解決し、改めて財産を確認したところ、
間違った申告をしてしまったことに気づきました。

　どうすればいいでしょうか？

A33　修正申告ができます。

　過少申告の場合は、過少申告加算税などが課税されます。

　過大申告の場合は、「更生の請求」をすれば、税金が還付さ
れます。

　以下、もう少し詳しくご説明します。

●修正申告

　相続税の申告書を提出した後で、申告漏れとなっていた財産
があったり、財産の評価、または計算の誤りなどのために、先
に提出した申告書に記載した課税価格、相続税額に不足額があ
ることを発見した場合には、更正の通知書があるまでは、前に
提出した申告書を修正すべき事項その他所定の事項を記載した
修正申告書を、納税地の所轄税務署長に対して提出することが
できます（通則法19条）。

　もちろんこれは修正申告ですので、過少申告加算税等が課税

されます。

●更正の請求

　相続税の申告書を提出した後で、財産の評価、または計算の誤りやその他の理由により、相続税額を過大に申告した場合には、救済手続として「更正の請求」をすることができます。

　また、更正の請求をできる者が、その請求前に死亡した場合には、その死亡した者の相続人が、死亡した者に代わって請求することができます。

●期限後申告

　相続税の申告書を提出しなければならない者は、期限内申告書の提出期限後であっても税務署長から相続税の課税価格及び税額の決定の通知があるまでは、相続税の申告書を提出することができます（通則法18条）。

　この期限後に提出される申告書を「期限後申告書」といいます。

　これについては、無申告加算税等がつきます。

Q34 自分で申告書を作成するのは可能ですか?

父が95歳で亡くなりました。

相続人は、母90歳、長男65歳、長女63歳、次男60歳の4人です。

財産は、不動産5000万円、預金2000万円、その他財産が2000万円です。

相続税の申告書は必要と思われますが、私は長男で現在無職のため時間がありますので、自分で作成して申告をしたいと思うのですが、できますでしょうか。

A34 一般の方が自分で作成するのは無理だと思います。

相続税に関しては、申告書作成だけではなく、財産調査、評価、相続人間の話し合い、遺産分割協議書作成、相続登記などがあり、専門の知識がないと非常に大変です。

相続税申告に向けての仕事は、以下の通りです。

①相続人の確認
②財産の確認
③相続人に説明
④協議分割に向けての話し合い

⑤協議分割書作成

⑥相続税申告書作成、申告、納税

⑦財産取得事務

　相続税は、自分ひとりの申告ではなく、相続人全員が共同でするものです。

　自分でできると思っていても、とても時間がかかり、限界があります。

　相続に詳しい地元の税理士さんに依頼するほうがスムーズにいきます。

　ぜひ税理士を通して、円満な遺産分割協議書作成を目指してください。

Q35　税理士報酬について教えてください

税理士報酬のことについて教えてください。

A家とB家では、同じくらいの財産があったのですが、税理士報酬がまったく違いました。両家とも、長男が主たる相続人でした。

A家の財産は約5億円、税理士報酬は300万、税務調査があり、追徴課税200万円。

B家の財産は約5億円、税理士報酬は100万、税務調査はありませんでした。

A35　財産額に鑑みると、
　　　A家の税理士の方が妥当です。

税理士報酬は、以前は税理士会で決められていましたが、現在は自由です。

総遺産額の1～1.2％が相場です。

B家の税理士報酬はあまりにも少ないので、何かご事情があったのかもしれません。

A家の追徴課税というのは、税務調査の際に、誰も知らなかった預金が見つかったため、修正申告をすることになったのです。

一般的に地方では、5億円以上の財産があると、税務調査の対象となります。

地方で５億円の財産があるということは、ほとんどが土地の評価額です。

　原則として、５億円を超える場合は税務調査に入りますが、Ｂ家に調査が入らなかったということは、相続税を納め過ぎていた可能性（過大申告）があるということです。

　Ａ家の相続人さんは、安いＢ家の税理士に依頼すればよかったと思われているかもしれませんが、結果としてＢ家は、Ａ家の税理士報酬の数倍ほどの相続税を払い過ぎている可能性があります。

Q36　財産の運用方法を教えてください

財産の運用について、一番いい方法を教えてください。

A36　運用はバランスよく、というのが私の考えです。

　次の表は、私が講演するときなどに、よく使っている資料です。

　栄養素や肥料の3要素にたとえ、クイズ形式でみなさんに考えていただいています。

　番号に当てはまるものを答えることで、何が大切か、導き出してもらっています。

第2部・税理士・山田忠美の相続Q&A

栄養	糖分	脂肪	ビタミン
肥料	チッソ	①	カリ
税金	所得	消費	②
財産	不動産	預貯金（保険）	③

　すべての3要素には、④＿＿＿＿＿＿＿が大切です。

　これを私は、④＿＿＿＿＿＿の法則と呼んでいます。

　正解は、①リン　②資産　③有価証券　④バランス

そうです、財産の運用はバランスよく、というのが私の考え
です。

Q37　元気なうちに家族会議をしたほうがいい？

　私は70歳です。妻68歳、長男46歳、長女44歳、次男40歳という家族構成です。

　今のところ特に体の不調はありませんが、そろそろ自分が死んだあとのことを考える年齢となってきました。

　元気なうちに、家族会議を開いておきたいと思うのですが、どのような準備をすればいいでしょうか。

A37　ぜひ、ご自身が議長になって進めてください。

　これは素晴らしいお考えだと思います。ぜひ元気なうちに家族会議を開催してください。

　できましたら議長として、相続に関しての自分の考えを伝えるだけでなく、奥さんや子どもさんの意見も聞いて、円満に進行するように心がけてください。

　会議の進行の仕方としては、
①財産全体の説明をする。
②相続配分についての自身の考え方を述べる。
③相続財産の取得について、相続人の意見を聞く。
　最終的には、遺言書（公正証書）作成を目標にするといいと

思います。

　会議の際に準備した方がいいものを挙げておきます。

- 預金の明細（金融機関別、支店別の定期普通預金など）
- 有価証券（証券会社発行の取引残高報告書、同族会社の決算書〈申告書〉など）
- 不動産の固定資産課税台帳兼名寄帳（各市区町村で発行。父親名義など未登記も含む）。
- 貸付金、借入金（貸付金、借入金の契約書など）
- その他、書画骨董など高額なもの。

　家族会議は何度か開催しても良いと思います。家族が集まり、いろんな話をすることで絆を再確認できれば理想です。
　それから、私の経験上のアドバイスですが、お子さんの配偶者（義理の息子、娘）は、会議への出席を遠慮してもらったほうがいいと思います。
　もめてしまうことが多々ありますので、純粋に相続人だけで行う方が好ましいと思います。
　むしろ、税理士を入れて、財産説明などは任せてしまうのがベターだと思います。

Q38　終活をしたほうがいいですか？

　終活という言葉をよく聞きますが、終活はやった方がいいのでしょうか。

A38　ぜひ、おやりください。

　終活とは、人生の終焉を意識しながら、最後まで自分らしく生きるために、そして、残される家族たちが困らないようにするために、しっかりと考え、準備することです。

　「昔は終活などしなくても何とかなった」「自分には終活なんて必要ない」と思われている方もいるでしょうが、実際には、親の介護や死後の手続きで多くの人が大変な思いをしています。

　遺産相続を巡る争いも増える一方です。

　ですから、元気なうちに何らかの準備をしておかないと、自分の家族や親しい人たちが困ることになるのです。

　自分がまだ元気だと、死を実感するのは難しいかもしれませんが、最後のときは必ず誰にでも平等に訪れます。

　いつかそのときがくるからこそ、限りある人生を大切にしようと考えられるのです。

　人生には限りがあるという事実をしっかり受け止めることが、終活の第一歩です。

以下に、終活が求められる時代背景について説明しておきます。

①超高齢社会の到来

　終活が注目されている理由の1つに、日本の超高齢化が挙げられます。

　世界保健機関（WHO）では、65歳以上の人を高齢者と定義していますが、日本は世界トップクラスの長寿国になっており、2018年の日本人の平均寿命は、男性約81歳で世界第2位、女性は約87歳で世界第1位でした。

　また、国連の定義では、全人口に占める高齢者の割合が7％を超えると高齢化社会、14％を超えると高齢社会、21％を超えると超高齢社会といいます。

　日本は、高齢者の割合が2013年に25％を超え超高齢社会となり、その後も年々増加しています。

②認知症高齢者の増加

　高齢化に伴って、認知症の高齢者が増えていることも、終活が注目される理由の1つです。

　厚生労働省研究班の推計によれば、日本の認知症高齢者の数は、2012年には65歳以上の高齢者の7人に1人にあたる約462万人でした。

　それが2025年には65歳以上の5人に1人が認知症高齢者

となり、700万人前後まで増えると予想されています。

　認知症になると、記憶力や判断能力が衰えるため、介護する人の負担が大きくなります。認知症の家族を抱えた人の中には、仕事や子育てと介護の両立に悩む人も増えています。

③1人暮らしの高齢者の増加

　1人暮らしの高齢者が増えてきたことも、終活する人が多くなった要因の1つです。

　かつて日本では、家長を中心として親子、孫、兄弟姉妹などが同じ家に住んでいました。

　家の跡を継ぐ者（主に長男）は、結婚後もその家で子どもを育て親の面倒を見る、ということが、当たり前のように行われてきました。

　その当時は、家長が年老いて引退するときに跡継ぎに家督を譲り、お金の管理などもその時点で引き継がれたため、終活は必要ありませんでした。

　しかし、現在の日本では、家や家族に縛られることなく、個人として自由に生きることができる社会になりました。

　結婚をしない生き方を選ぶ人が増え、子どもがいない夫婦も多くなりました。

　また、子どもがいたとしても、子どもはそれぞれ独立し、親とは別に暮らすことが多いため、親世帯はいずれ高齢者の一人暮らしとなるケースが増えています。

④お葬式・お墓の多様化

　家族のかたちが変わるとともに、お葬式やお墓に対する人々の意識も変わってきています。

　いま、お葬式の形式は、家族と親しい人だけで行う家族葬が主流になりつつあります。

　また、昔ながらの墓石のある墓ではなく、納骨堂や永代供養墓を選ぶ人も増えています。

　先祖代々のお墓がある人でも、跡継ぎがいない、お墓が遠いなどの理由で、別の埋葬方法を選ぶようになってきました。

⑤相続を巡るトラブルの増加

　相続争いというと、一部の資産家のものと考えられがちですが、実は、家庭裁判所の調停件数で多いのは、遺産の価額が5000万円以下のケースなのです。

　相続を巡るトラブルでよくあるのは、兄弟姉妹のうち、親の介護をした人としなかった人が遺産の分け方でもめるケースや、子どもがいない妻が夫を亡くしたときに、夫の親や兄弟姉妹から遺産分割を請求されて困るケースなどです。

⑥団塊の世代が後期高齢者になる2025年

　日本では、戦後の昭和22年から昭和25年に、出生数が著しく増加しました。

　いわゆるベビーブームの時代です。

　この時期に生まれた人たちを団塊の世代といいますが、この

世代の出生数は3年間で約806万人と、他の世代と比べて突出しています。

　また、団塊の世代は、それまでの生き方に縛られることなく、戦後の新しいライフスタイルを作ってきた世代でもあります。

　その世代が後期高齢者になるのが、2025年なのです。

Q39　エンディングノートには 何を書けばいいですか？

　エンディングノートを書きたいと思っているのですが、どのようなことを書けばいいのでしょうか。

A39　ご自身についてと、 遺される家族への心遣いです。

　前にも少し述べましたが、エンディングノートとは、自分が亡くなったとき、あるいは病気や認知症などで判断力が衰えてしまったときに備えて、必要な情報や希望を書いておくノートのことです。

　遺言書のような法的な効力はありませんが、終活のさまざまな場面で役に立ちます。

　まずはエンディングノートの主な役割を見ていきましょう。

●自分のことを記録し、心や身の回りを整理する

　自分の過去から現在までの人生を振り返り、ご自身の歴史や人生観、将来の希望などを書き、遺される人たちに伝えることができます。

●非常時の持ち出しや備忘録として

　エンディングノートに書いてある情報は、その人が生活して

いくうえで必要な情報でもあります。

　ですから、エンディングノートは、自分自身の備忘録としての役目も果たします。

　次に、エンディングノートに書くべき項目を、詳しくご説明いたします。

①自分のことについて

● 基本情報
　氏名、生年月日、住所、本籍など
● 自分史
　生まれた時から現在まで、どんな人生を送ってきたか、自分の人生を振り返り、これからの過ごし方を考えて希望を書きます。
● 親戚、友人、知人の名簿
　葬儀のときなどに、知らせてほしい友人などの氏名や連絡先、関係性などを書いたリストを作っておきます。
● 医療、介護の情報
　病歴・入院歴、投薬などの記録を書きます。これらは、治療や手術、入院するときなどに必要な情報です。
　さらに、自分の健康状態を把握してくれているかかりつけ医や、かかりつけ薬局、ケアマネージャーの氏名などを書いておけば、急病や認知症になったときでも、世話をしてくれる人がその人たちから情報を得られるため、適切なケアを受け

ることができます。

②**財産**について

自分がどんな財産を持っているか、年金の受給状況、借金の
借入状況、その他の資産などを整理しておきます。

- 貯蓄と借入れ
銀行や証券会社など、取引のある金融機関、支店名、担当者
などを記入します。
その際、エンディングノートは他人に見られることを前提に
書くものなので、キャッシュカードの暗証番号は書かないよ
うにしましょう。

- 保険
生命保険などの保険金は、請求しないと受け取れません。
自分で請求できなくなった場合や死亡保険金の請求に備え
て、自分がどの保険会社の何という保険に加入しているかを
記入しておきます。

- 年金
自分が加入している年金について書いておきます。

- 不動産
マイホームや相続で引き継いだ土地などの情報を書いておき
ます。

- その他の資産・財産
書画骨董、貴金属類など、価値のあるものがあれば書いてお
きます。

③終末期や死後のことについて

　終末期にしてほしいことや、自分が死んだ後のことについて記入しておきます。

　また、家族や親しい友人へ、お礼や感謝の気持ちなどを書いておきます。

- 医療や介護の希望
- お葬式について
- お墓について
- 相続について
- 不要品の処分について
- 残される人たちへのメッセージ

④ノートを書くときの注意点

　エンディングノートは、誰かに読んでもらうことを前提に書くものです。

　基本的に何を書いてもいいのですが、次のような点に気をつけましょう

- 法的な効力はない
- 他人の悪口を書かない
- 情報を定期的に更新する
- 保管場所に注意する

　重要な個人情報ですので、誰かに悪用されないように、玄関先など他人が気楽に入れる場所には置かないようにしましょう。

Q40　成年後見制度について教えてください

　高齢者や、障がいのある人の権利を守るという成年後見制度というのがあると聞きました。

　成年後見制度について、詳しく教えてください。

A40　高齢者や障がい者を守るための制度です。

　成年後見制度とは、認知症などにより判断能力が衰えた人や、障がいのある人などの財産を管理し、契約など法的な面から日常生活を守る制度です。

　その財産を管理し、守る立場の人を「成年後見人」、守られる立場の人を「成年被後見人」といいます。

　成年後見人が行う仕事の内容は、大きく分けて2つあります。

　1つは、被後見人の生活や療養に関する身上監護。

　もう1つは、被後見人の預貯金や不動産などについて、その取引も含めて安全に管理する財産管理です。

　さらに、成年後見制度には、「法定後見制度」と「任意後見制度」の2つの種類があります。

　「法定後見制度」は、既に判断能力が不十分な人のための制度です。

「任意後見制度」は、まだ判断能力のあるうちに、将来判断能力が衰えたときに備え、自分を守ってもらう契約を結んでおく制度です。

以下、もう少し詳しくご説明します。

【法定後見制度】

既に判断能力が不十分な状態になっている人について、本人、または周りの人が、家庭裁判所へ申請をし、その審判によって利用できる制度です。

家庭裁判所では、成年後見人候補者がその職務にふさわしいかどうか判断するとともに、成年後見人がきちんと仕事を行っているかどうかをチェックする「成年後見監督人」も選びます。

●判断能力の程度による３つの類型

法定後見制度には、守られる人の判断能力の程度によって「後見」「保佐」「補助」の３つの分類があります（※以下、３つを併せて成年後見人と書きます）。

●成年後見人ができること

法定後見制度では、判断能力が不十分な人を守るために、後見人には法律上、代理権、同意権、取消権などの権限が与えられます。

●成年後見人になれる人

　成年後見人になるために、特別な資格は必要ありません。20歳以上であれば、原則として誰でも成年後見人になることができます。

　また、弁護士事務所や司法書士事務所、成年後見業務を行っているNPO法人や社会福祉協議会などが、法人として成年後見人を引き受けることもできます。

●法定後見制度を利用するには

　家庭裁判所へ申請をします。法定後見制度の利用を申請することを「申し立て」といい、申し立てできる人のことを「申立人」といいます。

　申立人になれるのは、守られる本人のほかに、配偶者、本人の４親等以内の親族などです。

　身寄りのない人などは、市区町村長が申立人になることもできます。

【任意後見制度】

　自分が将来、認知症などで判断能力が不十分になった場合に備えて、元気なうちに任意後見契約を結んでおく制度です。

　誰に、どの項目について、どのように守ってほしいのか、など、何をやってもらうかの契約をあらかじめ結んでおき、実際に判断能力が不十分になったら、その契約内容に基づいて、契約で指定した人に守ってもらいます。

　財産管理をはじめ、施設へ入居する際の契約など、日常生活のことを代わりにやってもらえますが、もし、日常生活以外のこと（勝手に家を売ったなど）をされた場合に、法定後見人制度と違い、取消権がありませんので、信用できる責任感のある人を、慎重に選ぶことが大切です。

　家族のほかに、友人や弁護士、司法書士なども選定できますが、未成年者、破産者、家庭裁判所から法定代理人を解任されたことがある人など、任務に適さない人はなれません。

　任意後見人と契約内容が決まったら、「任意後見契約」を結びますが、その際、2人で公証役場へ行き、公正証書を作成する必要があります。

　公正証書によって締結されていない契約書は無効となります。

Q41　長男の嫁に財産を渡すには どうすればいい？

　私は、同居している長男のお嫁さんに、とても親切に介護をしてもらい、大変感謝しています。

　私が亡くなったら、財産を600万円相当渡したいと思っているのですが、長男の嫁は、法定相続人にはならないと聞きました。

　どうしたらいいでしょうか。

A41　「寄与分」といって、お世話になった 人に財産を渡す制度があります。

　「寄与分」とは、被相続人の財産の維持や増加に貢献した人に、相続分を増やす制度があります。

　以前は相続人のみに認められていたのですが、2019年7月から、相続人の配偶者である親族も受けられることになりました。

　寄与分を受けられる相続人のことを「特別寄与者」といいます。

　ご質問の場合、ご長男のお嫁さん（特別寄与者）が、無償で介護や看護などを行い、被相続人の財産の維持増加に特別の寄与をしたということになりますので、相続開始後、相続人に対して特別寄与料を請求することができます。

　しかし、貢献度や寄与を、目に見える形で証明することは難しいものですし、他の相続人の相続分を少なくする行為でもあります。

　無用な争いを避けるためにも、正式な遺言書を作成しておくことが、最良の対策となります。

Q42 家庭裁判所での遺産分割調停には、時間はどのくらいかかりますか？

相続人たちでは穏便に話し合うことができず、遺産分割協議が成立しません。

家庭裁判所へ遺産分割調停を申し立てようと思いますが、時間はどのくらいかかりますか。

A42 早くて１年、一般的には１年半から２年の期間を要すると思います。

調停が成立しなかった場合には、同家庭裁判所として審判（裁判）へ移行します。

審判は、裁判官３人の合議で決めるようになっておりますが、その審判でも納得しない場合は、控訴することになります。

控訴すると、争う場所が、家庭裁判所から高等裁判所になります。

高等裁判所でも納得しない場合は、さらに最高裁判所への上告となります。

私は、このような状況になるのは絶対に避けてほしいと思っていますので、なるべく早く皆さまが冷静になり、家族が仲良く暮らせますことをお祈りしています。

Q43 相続税の簡易な計算方法を教えてください

　相続税を申告しなければいけないかどうか、ぎりぎりのところです。

　簡易な計算方法がありましたら教えてください。

A43 土地1.2倍、家屋1.0倍など、項目によって異なります。

　以下、項目別にまとめますので、ご参照ください。

【不動産】

●土地

　これは、固定資産評価額に、1.2倍の倍率を乗じて判定しますが、この評価額については地域によっても全国的に違いますので、国税局のホームページをご参照ください。

　固定資産評価額につきましては、3年ごとに改定され、毎年4月に、各市区町村から通知がきていますので、ご確認ください。

●家屋

　固定資産評価額の1.0倍です。

　また、貸マンションや貸アパートの場合には、評価額から3割マイナスします。

固定資産評価額の0.7倍の評価ということです。

●預金

亡くなった日の残高すべてです。

【有価証券】

● 上場会社

評価するときの終値×持ち株数で評価を出します。

これは新聞やインターネット等を活用すれば簡単に調べることができます。

● 非上場会社

評価上困難ですので、簡便な方法にて計算します。

直近決算の純資産÷発行済株式総数＝１株当たりの金額

【ゴルフ会員券、自動車、書画骨董など】

現時点の時価を把握しなければいけないので、ゴルフ会員権につきましては、インターネットなどで取引相場を調べてください。

自動車につきましてもインターネット、あるいは中古車販売店の無料査定を利用してください。

書画骨董などは、デパートや古物商など専門の鑑定士に依頼してください。

【生命保険】

保険金は、法定相続人１人当たり５００万円が非課税金額と

なりますので、受取金額からそれを差し引いてください。

【債務】

　亡くなった日の残高すべてです。

　以上ですが、申告される場合は、早めに税理士に依頼することをお勧めいたします。

Q44　円満に相続を行うためのポイントは？

円満に相続を行うためのポイントを教えてください。

A44　相続人と話し合い、遺言書などで意思表示をしてください。

私が常々思っていますのは、以下の４つのポイントです。

①相続人と生前に話し合う

納得いくまで話してください。

これは被相続人が主催してください。

②遺言書の活用と養子縁組

円満な相続というのは、400mあるいは1600mのリレーと同じだと思っています。

代々の財産をうまくバトンタッチしていただくには、やはり遺言書の活用が望ましいと思います。

それから、現在では相続人がいない方も多いですから、養子縁組も積極的にされた方がいいと思います。

先進国では、遺言書を書くことや養子縁組が普通に行われていますので、良いことは真似した方がいいと思います。

③生命保険の活用

　被相続人が亡くなった場合、保険会社に請求すればすぐ支払ってもらえます。

　遺産分割協議が終わるまで、お金がなければ大変なことになりますので、生命保険金を活用するのが一番です。

④エンディングノートの作成

　被相続人が「自分の履歴書」を書き、それを子どもたちに読んでもらい、さらに、どのように見送ってもらいたいという希望をも託せるエンディングノートは、親から子へ残す、人生最後の手紙のようなものだと思います。

　エンディングノートを作成することは、結果的に、ご自身の歩いてきた道のりを見返すことでもあります。

　ぜひ書いてみてください。

　以上の４つのポイントがクリアできていれば、相続人同士が争うようなことも避けられるのではないかと思います。

　親の生き方が、子に残せる本当の財産です。良い心を引き継いでください。

　親も子もすべての人々が、相手を敬い、ありのままを受け入れ、すべての人に感謝できるようになれば、世の中も平和になるのだろうなあと思います。

　良い心をバトンタッチすることが、相続の基本となれば、相

続格差もなくなります。

　人間、おぎゃあと生まれてきたからには、良心を育み、それを世の中の役に立て、あとの人たちに引き継いでいくこと。

　これこそが、税理士として相続に関わってきた私の結論でございます。

Q&A 番外編
家族が亡くなったときに必要な手続き

相続の前の話として、家族が亡くなった直後に必要な手続きについてお問い合わせをいただくことが意外に多いものです。

番外編として、家族が死亡した直後に必要な手続きなどについてまとめておきますので、参考にしてください。

●病院で死亡診断書と火葬埋葬申請書を受け取り、役所に提出します。

①病院で「死亡診断書」（死体検案書）を受け取ります。
②「死亡診断書」とセットになっている「死亡届」を、死後7日以内に市区町村役場に提出します。各所の戸籍係で毎日24時間受付しています。
③上記の②と同時に「火葬埋葬申請書」を提出し、火葬許可証を受け取ります。
④火葬が終了し、埋葬許可証を受け取ります。

この一連の手続きと、そのあとの手続きなどは、葬儀社の人が助言してくれますので、葬儀社をすぐに決めることが大事です。病院から葬儀社へ連絡してもらえます。

●自宅で亡くなった場合は、警察へ連絡します。

病院で死亡した場合と違い、自宅で亡くなった場合には、事件性も考えられるため、警察による現場検証と検視が行われます。

検視を受けた場合は、死亡診断書の代わりに死体検案書が発行されます。

●死後の手続きに必要な書類は、主に「戸籍謄本」「住民票」「印鑑登録証明書」の３つです。

よく使う書類として、「戸籍謄本」「住民票」「印鑑登録証明書」の３つがあります。

どれもコピーではなく、原本の提出が求められるので、何通かまとめて取得していてください。

死亡を証明する書類とは、「死亡したことが書いてある戸籍謄本または除籍謄本」「死亡したことが書いてある住民票またはその除票」「死亡診断書（死体検案書）」の３つのうちのいずれかです。

〇戸籍謄本（戸籍全部事項証明書）

生年月日や死亡日、結婚と親子関係を証明する書類で、戸籍にある全員の情報が書かれています。

コンピュータ化する以前のものを戸籍謄本、コンピュータ化

した後のものを戸籍全部事項証明書と呼びます。

　亡くなった人の死亡日の記載がある戸籍謄本も死後の手続きに必要となります。

○住民票

　氏名・生年月日・住所・本籍など、住民登録している人について書かれた書類です。

　亡くなった人や手続きをする人の住所地を確認したり、本人確認をしたりするために必要になります。

　故人（被相続人）の住民票は、最後に住んでいた地域の市区町村役場で取得します。

　死亡届が提出されるとその人は住民票から除かれますので、「死亡したことが書いてある住民票」が必要なことを窓口の担当に伝えます。

○印鑑証明書

　書類などに押されている印鑑が、自治体に登録した本人の印鑑（実印）と同じであることを証明する書類です。

　手続きをする人が住んでいる市区町村役場で取得します。

　印鑑証明書は、「3ヶ月以内のもの」などと期限が決められていることが多いので、取得する時期に気をつけましょう。

　なお、相続の手続きの際に、一番重要な書類は、亡くなった方の戸籍謄本です。

故人の戸籍謄本は、故人の本籍地の市区町村役場で取得しますが、相続の手続きには、故人が生まれたときから亡くなったときまでのすべての戸籍謄本が必要となります。

　故人が生まれたときに出生届を提出した後、結婚して親とは別の戸籍を作ったり、本籍地を移動している場合には、各地から戸籍を取り寄せなければならないので、大変な労力がかかります。以前の本籍地がわからない場合には、亡くなったときの本籍地からたどっていきます。

●葬儀後には資格喪失届などを役所に提出しましょう。

「国民健康保険資格喪失届」
　14日以内に、市区町村役場に提出します。
　【必要書類】国民健康保険証、死亡届など

「介護保険資格喪失届」
　14日以内に、市区町村役場に提出します。
　【必要書類】介護保険被保険者証、死亡届など

「国民年金・厚生年金の受給停止手続き」
　厚生年金の場合は10日以内、国民年金の場合は14日以内です。届出先は、国民年金は市区町村役場、厚生年金は年金事務所です。
　【必要書類】死亡届、年金証書、死亡診断書、届出人の本人

確認書類。

「世帯主変更届」
　14日以内に、市区町村役場に提出します。
　【必要書類】届出人の本人確認書類、印鑑など。

「銀行などの金融機関へ死亡通知」
　期限はありませんが、市町村役場に死亡届を出しても、銀行口座が凍結されることはありませんので、引き落としなどが続く場合があります。一度凍結してから、相続人全員の同意書などを提出し、解約、払い戻しを行いますが、早急に現金が必要な場合は、2019年に「遺産分割前の相続預金の払戻し制度」が新設されましたので、銀行ご相談ください。

「生命保険会社に死亡保険金を請求」
　こちらも期限はありませんが、早く請求されると、早く保険金をもらえます。

「公共料金や電話などの解約」
　電気、ガス、電話等につきましては各窓口へ連絡します。

「運転免許証やパスポートなどの返納」
　どちらも悪用される恐れがありますので、忘れずに返納してください。返納手続きをして、無効化処理が行われれば、お手

元に残しておくことも可能です。

「賃貸住宅等」
　賃貸住宅や事務所等の契約者（賃借人）が亡くなった場合、終身賃貸借契約の場合を除き、賃貸契約は相続人に引き継がれます。未払い分や、死亡後の賃料の支払い義務も相続人が引き継ぐことになるため、契約者が亡くなったら、まず管理会社や家主などに知らせて必要な手続きを行ってください。

「クレジットカードや各種会員証」
　クレジットカードにつきましては、銀行口座が凍結していると未払い扱いになり、延滞金などが発生する場合がありますので、すぐに解約の手続きをしておいてください。各種会員証につきましても、解約を行っていた方がいいと思います。

参考文献

国税庁ホームページ

『口語民法 大字版』高梨公之監修（自由国民社）

『財産評価基本通達逐条解説 令和5年版』松田貴司編（大蔵財務協会）

『令和4年11月改訂 資産税の取扱いと申告の手引』後藤幸泰／竹花幸太郎編（発行：納税協会連合会、発売：清文社）

『令和4年10月改訂 資産税実務問答集』後藤幸泰／竹花幸太郎編（発行：納税協会連合会、発売：清文社）

『速報版 税理士が押さえておきたい民法相続編の改正』岡野訓ほか（清文社）

『相続税法基本通達逐条解説 平成30年12月改訂版』大野隆太編（大蔵財務協会）

『相続の諸手続きと届出がすべてわかる本 '11－'12年版』河原崎弘監修（成美堂出版）

『相続対策に役立つ‼生命保険の基礎知識と活用法』山本和義／水品志麻著（大蔵財務協会）

「終活アドバイザー講座テキスト1～3」（U－CAN）

著者プロフィール

山田 忠美 （やまだ ただみ）

税理士。山田忠美税理士事務所所長。
昭和27年、山口県下関市生まれ。下関市立下関商業高等学校卒業後、
税務大学校広島研修所に入校し、国家公務員として勤務。その間、昭和
58年に税理士試験に合格し、平成8年に税理士事務所を開業。相続税
専門の税理士として現在に至る。
その他、山口家庭裁判所調停員、下関市監査委員、中国税理士会下関支
部長、下関市包括外部監査人、中国税理士会公益活動対策部長、日税連
公益活動対策部常任委員などを務める。
令和5年6月、公益社団法人下関法人会税制委員長に就任。
山田忠美税理士事務所ホームページ
https://yamada-zei.net/

円満な相続のためのあれこれ話

2024年2月15日　初版第1刷発行

著　者　山田　忠美
発行者　瓜谷　綱延
発行所　株式会社文芸社
　　　　〒160-0022　東京都新宿区新宿1－10－1
　　　　　　　　電話　03-5369-3060　（代表）
　　　　　　　　　　　03-5369-2299　（販売）

印刷所　株式会社フクイン

ISBN978-4-286-24630-7